2016—2017 年全国工程专业学位研究生教育重点课题
2014—2015 年全国工程专业学位研究生教育重大课题
教育部学位与研究生教育司 2014 年专业学位研究生培养模式改革项目

Exploration and Practice of the Accreditation of Master Engineering Education Programme in the Field of Transportation Engineering

研究生层次工程教育认证
在交通运输工程领域的探索与实践

吴娇蓉　刘建新　叶霞飞　编著

内 容 提 要

本书是全国工程专业学位研究生教育重大课题、教育部学位与研究生教育司2014年专业学位研究生培养模式改革项目“我国研究生层次工程教育认证体系的关键问题研究与总体方案设计”的成果。

交通运输工程领域是全国工程专业学位研究生教育指导委员会下属40个分领域中首个正式开展专业学位硕士研究生工程教育认证试点的领域，所取得的探索与实践经验，将为我国研究生层次工程教育认证体系的建立奠定坚实基础。

图书在版编目(CIP)数据

研究生层次工程教育认证在交通运输工程领域的探索与实践 / 吴娇蓉等编著. — 北京 : 人民交通出版社股份有限公司, 2018.3

ISBN 978-7-114-14597-1

Ⅰ. ①研… Ⅱ. ①吴… Ⅲ. ①交通运输学—研究生教育—认证—研究 Ⅳ. ①U-4

中国版本图书馆 CIP 数据核字(2018)第051938号

书　　名:研究生层次工程教育认证在交通运输工程领域的探索与实践
著 作 者:吴娇蓉　刘建新　叶霞飞
责任编辑:李　晴　蒲晶境
出版发行:人民交通出版社股份有限公司
地　　址:(100011)北京市朝阳区安定门外外馆斜街3号
网　　址:http://www.ccpress.com.cn
销售电话:(010)59757973
总 经 销:人民交通出版社股份有限公司发行部
经　　销:各地新华书店
印　　刷:北京鑫正大印刷有限公司
开　　本:720×960　1/16
印　　张:11.25
字　　数:145千
版　　次:2018年3月　第1版
印　　次:2018年3月　第1次印刷
书　　号:ISBN 978-7-114-14597-1
定　　价:45.00元

序

本书是近年来交通运输工程领域专业学位硕士研究生工程教育认证工作的专项研究与实践的成果汇集。

我国高等学校的工程教育认证已在本科层次逐渐推开，形成规模。2016年，我国成为国际工程教育认证《华盛顿协议》的正式成员国，标志国内的本科工程教育认证已整体走上国际舞台。在这一背景下，硕士层次的工程教育认证，就成为保障高等教育质量，实现我国学校教育与工程职业资格有机衔接的又一重要任务，需要大力予以推进。

实施工程专业学位研究生教育的初衷，就是为工业界培养合格的高层次专门人才，其本质就是遵循职业导向。因此，全国工程专业学位研究生教育指导委员会（简称“教指委”）自2009年起，已着手进行工程专业学位硕士研究生培养与工程职业资格对接的专项研究，在若干领域就对接模式进行了积极探索，取得了非常有意义的初步成果。

本届教指委自2014年以来，组建了新一届的职业资格认证对接研究与工作组，继续深化对这一领域的探索。经过多所参与高校和若干工程学会代表的深入研讨，逐渐形成了如下共识：在有条件的少数领域，可以实现学位教育与工程职业资格认证的直接对接,而更普遍的职业任职资格衔接路径在于工程教育认证制度的建立和实施,需要强化以工程职业人才的实际培养需求来引导学校专业学位教育项目的实施,并通过相应的教育认证结论表明学校的培养质量能保证合格毕业、获得学位的研究生具备工程职业岗位任职的条件。工作组进而具体研究了认证标准、认证组织和认证程序等,向有关部门提出了相应的建议,为推进研究生层次的工程教育认证做了必要的准备。

教指委组织的这项工作,得到了国务院学位办公室的高度认可和大力支持。学位办的相关领导多次与工作组成员一起深入探讨,使得这项工作的行动路线日趋清晰。本项研究工作和试点也成为"十三五"时期"深化工程专业学位研究生教育综合改革"的重点工作之一。

在此基础上,石油工程领域率先建立了工程界与高校联合组成的认证组织,交通运输工程领域则首次试点进行了高校工程专业学位硕士培养点的教育认证。借本书出版之际,谨向两个领域的工程专家、教育专家,以及支持这项工作的工程组织、企业和高校表示由衷的感谢。

自 2014 年 10 月起,交通运输工程领域即成为在教指委指导下推进教育认证的试点领域之一。领域基于教指委工作组取得的研究成果,针对交通运输工程领域的实际情况进行了系统的深入研究,并以同济大学交通运输工程专业学位硕士研究生为对象,开展了工程教育认证试点,实证检验了所形成的认证组织体系、认证机制、认证目标、认证标准和程序、试点方案的合理性和可操作性,使得我国硕士研究生层次工程教育认证体系建立迈出了可喜的一步。本书是实证研究的总结提炼,凝聚了参与此项工作的众多专家的心血,也是交通运输工程领域协作组核心高校出色组织工作的体现。本序作者特别向参与这一试点的全体教师、工程专家和管理专家表示敬意。

期待更多的有志者加入到推动我国硕士研究生层次工程教育认证的行列里来,相信本书将成为推动这项工作的有益参考。

陈以一

全国工程专业学位研究生教育指导委员会副主任委员

2017 年 10 月

前言

2014—2015 年全国工程专业学位研究生教育重大课题、教育部学位与研究生教育司 2014 年专业学位研究生培养模式改革项目“我国研究生层次工程教育认证体系的关键问题研究与总体方案设计”将交通运输工程领域列为工程教育认证试点领域之一。自 2014 年 10 月至 2017 年 1 月,经过两年多的国内外调研、工作推进和试点准备后,2017 年 1 月 17 日至 18 日,以同济大学交通运输工程专业学位硕士研究生为对象,国内首个专业学位硕士研究生工程教育认证(试点)的现场考查与实践工作得以完成,为专业学位研究生工程教育认证的组织体系、认证机制、认证目标、认证标准和程序、试点方案等提供了实证检验。

本书是我国硕士研究生层次工程教育认证体系探索与实践的第一本专著。本书由绪论、英国工程教育认证分类与标准对我国的启示、交通运输工程领域硕士研究生工程教育认证标准内容设计、交通运输工程领域硕士研究生工程教育认证组织架构设计与实践、交通运输工程领域硕士研究生工程教育认证操作系统设计与实践、支持认证标准达成评价的数据采集与管理系统设计及应用、认证试点与探索工作回顾七个章节及相关附录组成。

本书由同济大学吴娇蓉、西南交通大学刘建新、同济大学叶霞飞共同编著。本书的章节框架和内容由吴娇蓉、刘建新、叶霞飞共同商定,统稿由吴娇蓉负责;第一章、第二章由吴娇蓉编写;第三章由吴娇蓉、白玉、李淑明共同编写;第四章、附录Ⅰ由刘建新、叶霞飞、吴娇蓉共同编写;第五章、第六章、附录Ⅱ由叶霞飞、吴娇蓉、惠英、贾弦共同编写;致谢由吴娇蓉、刘建新、叶霞飞共同编写。在书稿形成和文字整理过程中,同济大学交通运输工程学院硕士研究生胡静云、王佐灵做了大量的工作,在此表示衷心感谢。

本书的出版参考了许多专家的研究成果,在此对这些资料的编写者表示衷心感谢。

限于时间和编者水平,书中难免存在不足之处,恳请读者批评指正。本书虽然尽可能列出了所参考的文献,但仍可能有疏漏之处,诚请读者提供相关信息。

编著者

2017 年 10 月

目录

第一章

绪 论

第一节 工程教育认证对我国高等教育的意义

工程教育认证是国际通行的工程教育质量保证制度[1]，也是实现工程教育国际互认和工程师资格国际互认的主要基础。2013 年 6 月，我国成功申请成为《华盛顿协议》临时签约组织，本科工程教育专业按照《华盛顿协议》执行的工程教育认证标准进行认证。

《华盛顿协议》是世界上最具影响力的国际本科工程学位互认协议，其宗旨是通过双边或多边认可工程教育资格及工程师执业资格，促进工程师跨国执业。该协议提出的工程专业教育标准和工程师职业能力标准，是国际工程界对工科毕业生和工程师职业能力公认的权威要求。该协议组织由美国、英国、加拿大、澳大利亚、韩国、俄罗斯等正式成员和德国、印度等预备成员组成。2016 年 6 月，国际工程联盟大会在吉隆坡召开，全票通过我国成为该协议组织的第 18 个正式成员。

我国从 2005 年开始开展本科工程教育认证，现有 14000 多个工程教育专业布点，占高等学校专业总布点数的 1/3；工程专业类在校生超过 300 万人，占全国本科在校生总数的1/3；毕业生超过100万人，占全国本科毕业生总数的1/3。

那么，工程教育认证对于我国高等教育意味着什么？下文引用2013年11月27日《光明日报》中的部分内容来说明这一问题。

一、是进入国际就业市场的"通行证"

我国正式加入国际上最具影响力的工程教育学位互认协议《华盛顿协议》，在通过认证协会认证的工程专业学习，毕业生学位得到《华盛顿协议》其他组织成员的认可，这极大地提高了我国工程教育的国际影响力。新颖的育人理念和未来"毕业生"、工程师通行国际的执业资格，使得目前几乎所有国内相关院校都对参与工程教育认证表现出空前的热情。

中国工程教育专业认证协会副理事长、清华大学原副校长余寿文认为，加入《华盛顿协议》，直接有力地推动了我国构建与国际实质等效的工程教育认证体系。实质等效就是让学生走出国门，培养面向世界的中国工程师。

南京大学教授陈道蓄认为，成为《华盛顿协议》的正式成员，可以让学生们取得经过认证合格的专业的毕业文凭，相当于拿到了进入国际就业市场的"通行证"。成为正式成员之后，通过认证的专业就会带上认证标签，而学生们到国外，包括移民、找工作都可以直接使用，不存在任何差别。"对学校而言，我们一直强调的'提高教学质量'第一次有了明确合理的参照标准。"陈道蓄说，"认证工作与以往的评优有着很大区别，它只局限于一个专业，所以能够针对工程教育专业的具体情况进行细致深入的研究认证。并且，我们现在是达成性认证，申请学校必须要符合标准要求的全部条款，否则就是没有达到要求。在这样的要求下，教学质量自然就会提高。"

在教育部高等教育教学评估中心主任吴岩看来，从短期目标来说，我们现在做的认证工作是为了可以顺利加入《华盛顿协议》，做到真正与国际接轨。更为重要的是，今后中国的工程教育人才可以面向现在、面向世界、

面向未来，中国高等教育将真正走向世界。

二、教育首先关注学生的感受

《工程教育认证标准》（以下简称《标准》）的核心理念首先是以学生为中心，要能给学生以有力的引导，这就需要将学生的要求及其培养目标放在重要的位置，用目标来衡量和推进教育工作。

大连理工大学副校长李志义强调："我们学校和老师实际上要给学生提供一个教育的环境，这个环境使我们的学生能够达到他的学习成果。"

《标准》从招生到对学生的指导，再到对学生是否达成他的目标的检查、评估都有着明确的规定。"比如一个老师教学很有特点，但最终学生接受的知识很有限，同时也无法证明学生从这样的教学中获得比以前更好的东西，那么我们会以后者而非前者作为评价的依据，我们更加看重的是学生的感受，不论该课程是否是国家精品课程、是否很有影响力。"陈道蓄如是说。

工程教育认证之所以要加强"目标导向"，陈道蓄认为，社会对教育的需求是不断变化的，社会环境也不断在变化，所以任何一个专业都需要持续改进。在认证中，提出问题、发现问题是最重要的一环，因为只有这样才能推动持续改进，通过不停地反馈来形成一个循环。

吴岩说："高校一定要知道认证是提出问题和建议，更需要有持续的改进。高等教育如果没有持续改进的文化，那大学文化再漂亮也只是皮毛。"

三、教学"从句号课堂向问号课堂转变"

为了切实提高高等教育的教学质量，教育部建立了"以学校自我评估为基础，以院校评估、专业认证及评估、国际评估和教学基本状态数据常态监测为主要内容"的"五位一体"的中国特色评估制度，而专业认证工作也是这"五位一体"评估制度的重要一项。

余寿文说："工程教育认证的若干特征都与以前的评估模式不一样。工程教育认证是以专业为单位,也是我国第一次真正大范围、大面积地以专业来进行鉴定认证;我们是以质量的保证和改进为基本指导思想和出发点,同时更加注意专业的办学目标的多样性,重视每个专业的基本要求。”

东北大学教授李鸿儒也表示,专业认证的实质与学科评估有所不同,专业认证强调专业教育的基本质量要求,结论只有合格或不合格,而学科评估是一种质量评比。

吴岩认为,现在高校对工程教育认证的理解仍需提升,我们对认证工作需要有一个正确把握。参加认证的学校要证明在这个专业学习的所有学生而不是某一个尖子生的水平。

陈道蓄说:“我们不比学校之间的师资队伍的科研水平,不比学校的科研项目、国际一流刊物上的文章,只看这个学校的师资队伍的学术背景能不能支撑这个目标的达成。”

那么,面对工程教育认证,申请工程教育认证的各高校应该如何做?李志义提出了建议:“关键是深化课堂教学改革,提高课堂教学质量,这是达成培养目标的重要基础。这需要实现四个转变,即:从灌输课堂向对话课堂转变、从封闭课堂向开放课堂转变、从知识课堂向能力课堂转变、从句号课堂向问号课堂转变。另外,要有一个完善的知识改进体系,要能对培养目标、毕业要求和教学活动实施持续有效的改进,要包含校内、校外、课内三个循环,要对这三个改进和三个循环的要素建立起清晰的互相作用的关系。”

四、有助于完善工程教育质量保障体系

余寿文在接受《中国教育报》采访时说:“工程教育认证不仅是工程技术人才跨国流动的需要,更重要的是还肩负着推动工程教育改革、完善工程教育质量保障体系的重任。”

专业认证作为教学质量管理的重要方法之一,对完善校内质量保障体系、促进人才培养质量提高、培养社会需要的高素质人才起到了保驾护航的

作用。“以学生为中心”“以产出为导向”和“持续改进”的核心理念要求高校必须坚持“以学生为中心”，并自觉接受社会问责，主动建立多方参与的教育质量保障与监控机制，同时将学校对于学生成就目标的实现机制、实现过程和实现程度作为评价的重点。通过持续探索更加有效的学生学习效果评价方式，以及收集、分析学生成就和学生发展的数据等证据，推动高校将学生成就目标落实到专业目标、课程目标、教学环节和学生活动当中。相应开展的教学质量评价更具有宗旨性，即评价的基本思想不是监控，而是使评价结果服务于教师发展、服务于学生发展、服务于教学改进、服务于学校发展，主要目的是持续改进教学质量。

将专业认证的这些理念切实贯彻落实在教学过程中，不仅极大地促进了教育教学理念和方式方法的改革，而且进一步深化了以学校为核心，企业（行业、用人单位）、社会力量等多元化主体参与的教学质量评价体系的构建。通过直接反馈社会对人才培养的要求、毕业生的就业状况及其他有关信息，学校能及时了解社会各部门和社会发展对人才培养的要求，修订人才培养方案，合理进行专业设置和课程设置。

第二节　我国硕士研究生层次工程教育认证体系在交通运输工程领域试点的意义

长期以来,工程师群体的基本受教育情况和工程师职业体系的最低学历门槛是学士学位。《华盛顿协议》以此为基础,抓住工程师全球流动背景下迫切需要职业资格等效互认的有利时机,逐步成为世界范围内知名度最高的工程教育国际认证协议。目前,多数发达国家都是《华盛顿协议》的成员。

随着科技发展与社会进步,对高层次创新型人才培养要求的提高导致培养周期延长,第一次进入劳动力市场中的具有研究生教育背景的劳动者比例不断增大,全球工程师队伍中的研究生也必将增多,从而对研究生层次的职业资格认证,以及研究生层次的教育认证提出迫切的需求。然而,目前国际上的工程教育认证体系大都面向学士学位(本科)及其以下的层次,一个具有广泛影响的硕士层次工程教育认证体系尚未形成。在这一领域,我国与世界发达国家站在了同一起点上。

回顾《华盛顿协议》的发展历程,同时,借鉴欧洲工程教育认证网络与美国 ABET 工程教育认证体系的发展经验,我国应抓住当前中国已成为工科研究生教育大国,且国际上硕士层次工程教育认证尚比较薄弱的时机,建立工程硕士教育认证框架,在制订研究生层次工程教育国际互认标准上获得话语权,抢占国际制高点。

研究生教育作为国民学历教育的重要一环和国家创新体系的有力支撑,承担着“高端人才供给”和“科学技术创新”的双重使命[2]。工程专业学位研究生教育为国家经济建设和社会发展培养了大批高层次专门工程技术与管理人才。创建研究生层次的工程教育认证和国际互认体系,既能够以行业接受程度为标志检验教育质量,也可以引导培养单位更加明确培养目标,注重特色建设,提高教育质量,从而增强我国研究生教育的竞争力、吸引力和培养能力,在激烈的国际竞争中赢得主动,形成优势。

我国交通运输行业的快速发展对人才培养的结构和能力提出了新的要求。行业对硕士及以上学历交通运输工程师的需求持续增长,对毕业生综合素质尤其是职业能力的要求不断提升[3]。而目前,我国的高等教育却在一定程度上与行业脱节,存在人才培养目标定位不准、培养模式单一、教育内容与方法陈旧、理论脱离实践、注重在学质量而忽视职业发展质量等问题。因此,在国家"一带一路"倡议下,联合行业企业,积极进行交通运输工程领域专业学位硕士研究生工程教育认证探索与实践,构建以"毕业生在行业中的整体质量""培养目标与培养成效的达成度""针对问题的持续改进措施和实效评估"等为特征的工程教育认证体系,有利于为企业培养具有优秀职业素养的高层次技术创新人才,提升核心竞争力,也有利于毕业生在交通运输相关领域获得国际认可,增强国际竞争力[3]。

开展交通运输工程领域专业学位硕士研究生工程教育认证试点工作的目的及意义主要有三方面:

首先,形成全国工程专业学位研究生教育重大课题"我国研究生层次工程教育认证体系的关键问题研究与总体方案设计"、全国工程专业学位研究生教育重点课题"交通运输工程领域工程专业学位研究生教育认证探索与实践"的重要成果。

第二,从单一国内认证走向国际互认的趋势及国际互认的需求推动了各国自身认证制度的建立完善。建立国内硕士研究生层次工程教育认证体系具有国际化战略意义,表现在:①面向"一带一路"倡议的实施,建立产能、技术、人才综合竞争优势;②顺应工业、工程企业走向全球市场的趋势;③提升教育界、工程界国际话语权;④实现由人才大国转变为人才强国;⑤符合更多中国工程专业学生未来面向全球发展的需求;⑥为我国高等教育吸引更多国际留学生创造条件。因此,开展交通运输工程领域专业学位硕士研究生工程教育认证试点工作，将为我国研究生层次工程教育认证体系的建立奠定坚实基础。而建立我国硕士研究生层次工程教育认证体系，推进工程人才培养和工程职业资格的衔接，服务学生、服务院校、服务工程界，并使之成为国家教育品牌，对推动建立硕士研究生层次工程教育国际互认协议，提升我国在这一领域的国际话语权和主导权具有重大意义。

第三，交通运输类专业发展至今，经历了从本科教学工作水平评估到专业评估、课程评估，再到专业认证的发展历程。交通运输类本科专业认证已经全面铺开，为交通运输工程领域专业学位研究生工程教育认证试点奠定了良好基础。交通运输工程领域于 2006 年 12 月成立交通运输类专业认证试点工作组;2015 年 6 月，正式成立交通运输类专业认证委员会。截至 2016 年年底，本科交通运输工程专业通过认证的高校有 15 所，交通工程专业通过认证的高校有 9 所，如表 1-1 所示。2017 年申请交通运输工程专业认证并同意专家组进校考查的高校有 4 所，申请交通工程专业认证的高校有 8 所。目前，交通运输类本科专业建设的标准主要有以下两类:

(1)工程教育专业认证标准(包括国际、国家标准，1996、2011、2016 年版)。

(2)交通运输类专业本科教学质量国家标准(2014 年版)。

交通运输工程和交通工程专业 2007—2017 年通过和申请认证的高校清单

表 1-1

学　校	专业	年　份	有效期(年)
西南交通大学	交通运输工程	2007、2010、2013	3、3、6
北京交通大学	交通运输工程	2007、2010、2013	3、3、6
中南大学	交通运输工程	2008、2011、2014	3、3、6
长安大学	交通运输工程	2008、2011、2014	3、3、3
兰州交通大学	交通运输工程	2009、2012、2015	3、3、3
长沙理工大学	交通运输工程	2009、2012、2015	3、3、3
武汉理工大学	交通运输工程	2009、2012、2015	3、3、3

续上表

学　　校	专业	年　　份	有效期(年)
重庆交通大学	交通运输工程	2010、2016	6、3
同济大学	交通运输工程	2010、2016	6、3
华中科技大学	交通运输工程	2011、2014	3、3
东南大学	交通运输工程	2011、2014、2017(受理申请)	3、3
大连海事大学	交通运输工程	2012、2015	3、3
中国民航大学	交通运输工程	2012	6
大连交通大学	交通运输工程	2015	3
吉林大学	交通运输工程	2016	3
上海海事大学	交通运输工程	2017(受理申请)	
东北林业大学	交通运输工程	2017(受理申请)	
华东交通大学	交通运输工程	2017(受理申请)	
西南交通大学	交通工程	2012	6
北京交通大学	交通工程	2013	6
上海海事大学	交通工程	2014、2017(受理申请)	3
哈尔滨工业大学	交通工程	2014、2017(受理申请)	3
东南大学	交通工程	2014、2017(受理申请)	3
同济大学	交通工程	2014、2017(受理申请)	3
北京工业大学	交通工程	2016	3
大连理工大学	交通工程	2016	3
福州大学	交通工程	2016	3
长安大学	交通工程	2017(受理申请)	
郑州大学	交通工程	2017(受理申请)	
昆明理工大学	交通工程	2017(受理申请)	
大连交通大学	交通工程	2017(受理申请)	

本章参考文献

[1] 郑娟,王孙禺.英国硕士层次工程教育专业认证制度探讨[J].高等工程教育研究,2015(1):83-90.

[2] 刘延东.在全国研究生教育质量工作会议暨国务院学位委员会第三十一次会议上的讲话[N].中国教育报,2015-01-05(1).

[3] 吴娇蓉,刘建新,叶霞飞. 交通运输工程领域工程专业学位研究生教育认证关键问题探索与实践[C]// 中国学位与研究生教育学会工科工作委员会,江苏大学. 第九届全国工科研究生教育会议论文集:"双一流"建设背景下的工科研究生教育改革. 镇江:江苏大学出版社,2017:286-293.

第二章

英国工程教育认证分类与标准对我国的启示

从全球范围来看,各国高等院校和主要国际工程教育专业认证组织的认证活动大多集中在本科层次,较少涉及本科以上层次,这主要是与工程师群体的基本受教育情况和工程师职业资格的学历要求有关。但是,随着世界范围内人们受教育水平的普遍提高,工程教育认证从本科向硕士层次拓展已成为一种趋势,目前已有一些国家和国际组织在进行这方面的尝试[1]。本章将重点探讨英国硕士层次工程教育专业认证分类与标准、英国高等工程教育认证与欧洲工程教育认证制度的关系,总结其对我国硕士研究生工程教育认证的启示,并为交通运输工程领域硕士研究生工程教育认证标准内容设计提供借鉴。

第一节　英国工程教育认证分类与标准

一、认证分类

英国共对四种高等工程教育项目进行认证:可注册为特许工程师的荣誉

学士学位项目、综合型工程硕士学位项目、技术工程师项目和除综合型工程硕士之外的其他硕士学位项目(以下简称“其他硕士学位项目”)[1]。这其中,既有博洛尼亚进程定义的第一阶段学位(荣誉学士学位)和第二阶段学位(其他硕士学位)项目,还有直接通往第二阶段的综合型学位(综合型工程硕士学位)项目,而技术工程师项目中则包含更丰富多样的学位层次和类型。因此,认证并不是完全按学位层次进行分类,而是与注册为各类工程师的教育基础要求密切相关,这既体现了英国高等工程教育的多样性,也突出了认证和工程师职业资格的紧密联系。

二、认证标准

英国工程教育认证遵循的是学生的学习产出标准。学习产出分为一般学习产出和特殊学习产出[1]。一般学习产出包括:“知识和理解”“智力能力”“实践技能”和“通用的可转移技能”。一般学习产出具有普遍性,其认证标准会运用到所有的项目中,它是以可注册为特许工程师的荣誉学士学位项目为基础来制订的,对于其他认证项目则设置了适用性标准。

(1)知识和理解:学生必须掌握和理解所在工程学科的基本事实、概念、理论和原则,以及具有支撑性科学和数学的知识;必须对更宽广的多学科工程背景及其潜在原则有所了解;必须能够对影响工程判断的社会、环境、伦理、经济和商业因素有所考虑。

(2)智力能力:学生必须能够运用合适的、定量的科学和工程工具去分析问题;必须能够证明在综合解决办法和形成设计上具有创造性和创新性能力;必须能够领悟广阔的背景,并且因而能够在细节上体现出相应的工作水平。

(3)实践技能:学生必须拥有工程实践技能,可以通过例如实验室和车间工作、在工业界监督下的工作、个人或团队的项目工作、设计工作,以及开发和使用计算机软件进行设计、分析和控制的工作来获得。可以参与一个重

要项目的团队工作。然而,不同专业可能需要不同方法来满足这项要求。

(4)通用的可转移技能:学生必须掌握有价值的可转移技能,在各种解决方法中都能运用,包括解决问题、交流和与他人一起工作,以及有效利用通用的IT设备和信息检索的技能,还包括作为终身学习基础的自学能力和表现改进。

综合型工程硕士学位和其他硕士学位项目对通用可转移技能的认证标准要求更高。综合型工程硕士需要具备的通用可转移技能有:开发、监督和更新一个计划以应对变化的操作环境的能力;监督和修正一个持续工作的个人项目,以及独立学习的能力;理解团队中的不同角色,以及实施领导的能力;在不熟悉的情境下学习新理论、概念、方法等的能力。

其他硕士需要具备的通用可转移技能有:开发、监督和更新一个计划以应对变化的操作环境的能力;监督和修正一个持续工作的个人项目,以及独立学习的能力;主动履行作为团队成员或领导者的个人责任的能力;在不熟悉的情境下学习新理论、概念、方法等并应用它们的能力。

特殊学习产出包括:“对相关工程学会定义的支撑性科学和数学,以及相关的工程学科的理解”“工程分析”“设计”“对经济、社会和环境背景的理解”和“工程实践”。不同认证项目在特殊学习产出的各项认证标准上均有所不同,特殊学习产出的认证标准可以充分显示出项目的特殊性。

第二节　英国硕士层次工程教育认证的特点

英国共对两种硕士层次的学位——综合型工程硕士学位和其他硕士学位进行工程教育认证,其硕士层次的认证具有下述特点。

一、硕士是学士的拓宽和提高

两种硕士层次学位项目的认证标准具有较多共性,均高于荣誉学士学位项目。例如在“通用的可转移技能”这项一般学习产出中,对荣誉学士要求具备与他人一起工作的能力,而对硕士层次的毕业生,则要求具备理解团队中的不同角色并进行领导的能力;由英国高等工程教育认证的特殊学习产出标准(表 2-1)可以看出,在“对相关工程学会定义的支撑性科学和数学,以及相关的工程学科的理解”这项特殊学习产出中,对荣誉学士要求具备对相关学科知识的理解能力,而对硕士层次的毕业生,则普遍要求在综合理解的基础上,对前沿、新技术和新发展有所意识,甚至是批判性意识,还要对工程外部领域的知识有所理解[3]。硕士层次的一般学习产出和特殊学习产出标准均明显高于学士层次。

英国高等教育质量保障机构认为,综合型工程硕士相比荣誉学士,知识面应该是既宽且深的,设置综合型工程硕士是为吸引更有能力的学生。相较荣誉学士,增加的宽度可以通过对技术学科和对商业、管理和工业项目的额外学习来实现,增加的深度可以通过硕士水平的特殊学习和基于荣誉学士水平的综合学习来实现。虽然综合型工程硕士学位是一种直接通往硕士层次的学位类型(大致相当于通常所说的“本硕连读”),但它不应被设计为或被视为在荣誉学士之上简单地加上一年,而应从入学到毕业进行一个综合整体设计[2]。

英国工程委员会认为,综合型工程硕士学位和荣誉学士学位项目的不同之处在于它有更大范围的项目工作,经常涉及团队项目。此外,前者还在研究

英国高等工程教育认证的特殊学习产出标准　　表 2-1

特殊学习产出	荣誉学士学位项目	综合型工程硕士学位项目	技术工程师项目	其他硕士学位项目
对由相关工程学会定义的支撑性科学和数学，以及相关的工程学科的理解	对所在学科的科学和工程背景的理解，以及对支持他们理解过去、当下和未来的发展和技术必不可少的科学原理和方法的理解；对他们在分析和解决工程问题时熟练应用数学方法、工具和符号必不可少的数学原理的理解；应用和整合其他工程学科的知识以支持他们学习所在学科知识的能力	对所在学科和相关学科科学原理的综合理解；能够认识到与所在学科相关的新技术的发展；对所在学科有关的数学和计算机模型的综合理解，以及对其局限的领悟；对包括工程之外的一系列领域内容的理解，以及在工程项目中有效地运用它们的能力	对当前技术及与其进化相关的支撑性科学原理的理解；对支持关键工程原理应用必不可少的数学的理解	对所在学科相关的科学原理的综合理解；对前沿问题和/或新见解的批判性意识（这些问题和新见解大多属于所在学科的前沿或与前沿相关）；理解和所在学科相关的包括工程之外的概念，并有效运用它们的能力
工程分析	理解工程原理，并应用它们分析关键工程过程的能力；通过使用分析方法和模型技术定义、分类和描述系统及其组成部分的能力；为解决工程问题，应用与所在学科相关的定量方法和计算机软件的能力；理解并运用系统方法解决工程问题的能力	运用基础知识调查新的和正在出现的技术的能力；运用数学和计算机模型解决工程问题的能力，以及评估特殊案例局限的能力；对一个不熟悉的问题提取相关数据，并在合适的时候使用以计算机为基础的工程工具解决这个问题的能力	监测、解释并应用分析和模拟的结果进行持续改进的能力；通常在一个多学科的背景下，运用与所在学科相关的定量方法和计算机软件的能力；使用分析的结果解决工程问题，应用技术和执行工程过程的能力；运用相关技术的实践性知识，在工程问题上使用系统方法的能力	运用基础知识调查新的和正在出现的技术的能力；运用合适的模型解决工程问题，以及评估特殊案例局限的能力；通过适当地创新、使用或改造工程分析工具，收集和分析研究数据的能力，以及运用合适的工程工具处理陌生问题，例如数据或规格不确定或不完整的问题的能力

续上表

特殊学习产出	荣誉学士学位项目	综合型工程硕士学位项目	技术工程师项目	其他硕士学位项目
设计	调查和定义一个问题并识别约束条件，包括环境和可持续性的限制、健康和安全风险；理解客户和用户的需求，以及考虑到美学等问题的重要性；识别和管理成本动因；运用创造力形成创新性解决方案；确保符合目的和所有方面（包括生产、操作、维护和处置）；管理设计过程，以及评价产出	对设计程序和方法的广泛综合的理解，以及在不熟悉的情境下应用和改造它们的能力；产出一个产品、系统、组成部分或过程的创新设计以满足新需求的能力	定义一个问题并确认其限制；根据客户和用户的需求设计解决方法；在实践性背景下发挥创造力和创新性；确保符合目的（包括操作、维护和可靠性等）；改造设计以满足新目的或应用	运用独创的思想发展对产品、系统、组成部分或过程的实际解决方法的能力
对经济、社会和环境背景的理解	理解工程过程的商业和经济背景并具有相关知识；具有在某种情境下被用来实现工程目标的管理技术的知识；理解推动可持续发展的工程活动的需求；认识到支配工程活动的相关法律要求框架，包括人员、健康、安全及风险（包括环境风险）问题；理解在工程中需要高水平的职业和道德行为	对管理、商业实践及其局限的广泛的理解，以及对如何恰当应用它们的理解；通过对风险的理解，评估总体风险的能力	理解工程过程的商业和经济背景并具有相关知识；具有在某种情境下被用来实现工程目标的管理技术的知识；理解推动可持续发展的工程活动的需求；认识到支配工程活动的相关法律要求框架，包括人员、健康、安全及风险（包括环境风险）问题；理解在工程中需要高水平的职业和道德行为	对管理、商业实践及其局限，以及在特定专业背景下如何恰当应用它们的理解；通过对风险的理解，评估总体风险的能力

续上表

特殊学习产出	荣誉学士学位项目	综合型工程硕士学位项目	技术工程师项目	其他硕士学位项目
工程实践	对特殊材料、设备、过程或产品特性的掌握；车间和实验室技能；理解应用工程知识的背景(例如运行和管理、技术发展等)；了解如何使用技术资料和其他信息来源；认识到知识产权和合同问题的本质；对合适的实践准则和工业标准的理解；意识到质量问题；带着技术不确定性工作的能力	对当前的实践及其局限的透彻理解，以及对类似新发展的感悟；对各种工程材料和组成部分达到广泛的理解；在考虑到一系列商业和工业限制的情况下，应用工程技术的能力	对相关材料、设备、工具、过程或产品的理解及运用能力；对车间和实验室实践知识的理解；理解应用工程知识的背景(例如运行和管理、技术应用和发展等)；从技术资料中使用和应用信息的能力；使用合适的实践准则和工业标准的能力；理解管理工程过程的原理；意识到质量问题并持续改进	对当前的实践及其局限的透彻理解，并能领悟到类似的新发展；对各种工程材料和组成部分达到先进水平的理解；在考虑到一系列商业和工业限制的情况下，应用工程技术的能力

和工业的环境中提供更大范围、更深深度的专业知识，可以为领导力提供更宽广、更普遍的教育基础，以及对工程和经济、社会和环境的关系提供更广泛的认识。

在英国高等教育资格框架中，荣誉学士处于水平 6 的层次，综合型工程硕士和科学硕士等其他硕士处于水平 7 的层次。综合型工程硕士项目通常包括至少 4 学年的全日制学习，其中至少有一学年的学习是在水平 7 层次上的，因此，它是在满足水平 6 的基础上增加的学习阶段，最终要达到水平 7 的层次。从英国高等教育资格框架对每一层次应达到的知识和能力水平的描述来看，硕士层次也无疑是学士层次的扩宽和提高。

二、综合型工程硕士具有优势地位

从对各类注册工程师的教育基础要求来看，只需拥有一个经过认证的综合型工程硕士学位即可满足注册为特许工程师的教育基础要求；否则，在至少拥有一个经过认证的工程或技术的荣誉学士学位的基础上，还要外加一个经过认证的合适的硕士学位或工程博士学位，或合适的未来硕士水平的学习才能满足条件。因此，经过认证的综合型工程硕士学位具有其他学位无可匹敌的优势地位。

这种优势地位与综合型工程硕士的定位有关。综合型工程硕士与科学硕士在本质上是不同的，科学硕士是一个独立的项目[3]。根据英国工程职业能力标准，前者通常被定位成为工程职业实践提供的一个强化准备，后者在本质和目的上则是非常多样的[4]。

对照综合型工程硕士学位项目和其他硕士学位项目的认证标准，以“对相关工程学会定义的支撑性科学和数学，以及相关的工程学科的理解”这一特殊学习产出为例，对前者强调能够认识到与所在学科相关的新技术的发展，而对后者则要求对学科领域的前沿问题和新见解具有批判性意识，更强调科学研究的素质和能力；对前者特别要求具备对所在工程学科有关的数学

和计算机模型的综合理解，以及对其局限的领悟，强调应用方法的能力，而对后者并无此要求。

又如，在“设计”这一特殊学习产出上，同样是针对“产品、系统、组成部分或过程”，对前者要求具备“产出一个产品、系统、组成部分或过程的创新设计以满足新需求的能力”，强调通过创新的设计来满足工业新需求，而对后者则要求具备“运用独创的思想发展对产品、系统、组成部分或过程的实际解决方法的能力”，不再针对满足具体需求，而是要探寻更深层次的解决方法，涉及科学技术原理的层面，并且强调在这个过程中创新能力和创造性思想的重要性。

在“工程实践”这一特殊学习产出上，同样是关于“对各种工程材料和组成部分的理解”，对“理解”的限定词，前者是广泛的，而后者是先进水平的，对前者要求广泛是因为综合型工程硕士有着面对工程实践的职业指向性，而在工程实践中遇到的往往是复杂的现实问题，面对的是各种工程材料和组成部分问题的综合集成，因此知识要广泛，而对后者则要求其知识水平先进，对各种工程材料和组成部分的前沿性知识有敏锐的把握，有明确的研究指向性。

可见，虽然这两种硕士层次学位项目在认证标准上有很多共性，但侧重点各不相同，对综合型工程硕士更注重应用能力，而对其他硕士则更注重研究能力。前者有更多工业界参与的项目工作和团队工作要求，以及更明确的工程职业指向性，因此经过认证的综合型工程硕士学位在工程师注册中具有优势地位也是理所当然的。

第三节　英国高等工程教育认证与欧洲工程教育认证制度的关系

英国工程委员会的认证标准和程序在国际上已被广泛认可，英国是《华盛顿协议》《悉尼协议》的成员，也是欧洲工程教育认证网络（European Network for Accreditation of Engineering Education，简称 ENAEE）的成员之一。

欧洲工程教育认证网络成立于2006年，它是博洛尼亚进程的产物，致力于欧洲高等工程教育的专业认证和互认。欧洲工程教育认证网络建立的欧洲工程教育认证制度（European Accredited Engineering Programmes，简称EUR-ACE）对欧洲范围内的第一阶段（学士）和第二阶段（硕士）学位项目进行认证，它提供了一套认证欧洲高质量工程学位项目的通用标准，为推动欧洲高等工程教育的一体化和加快工程职业的流动提供了基础[3]。

EUR-ACE 制度采取授权制，英国工程委员会获得了欧洲工程教育认证网络的授权，因此，凡经过英国工程委员会的认证，被评定为部分或全部满足了特许工程师注册要求的学位项目，包括荣誉学士学位、工程硕士学位和科学硕士学位项目，可相应被授予第一阶段或第二阶段 EUR-ACE 标签。

EUR-ACE 标签代表着一种被广泛认可的国际地位，是对一个毕业生的知识、理解和实践能力能够满足国际标准的确认。由此，经过英国工程委员会认证的硕士层次工程教育项目在欧洲范围内具备了很强的流动性和可接受性，这也为英国的高等工程教育机构带来了巨大的潜在收益。

一、英国高等教育资格框架的修改

英国高等教育资格框架（FHEQ）中各水平的典型资格及其对应的欧洲高等教育资格框架（FQ-EHEA）阶段如表2-2所示。2008年，英国根据博洛尼亚进程建立的欧洲高等教育资格框架（the Framework for Qualifications of the European Higher Education Area，简称 FQ-EHEA）调整并校准了英国原有

的高等教育资格框架。此前英国的高等教育资格分为C级(证书级,Certificate)、I级(中级,Intermediate)、H级(荣誉级,Honours)、M级(硕士级,Masters)和D级(博士级,Doctoral)。调整后则按照学习阶段纵向划分为4~8共5个等级:水平4包括高等国家证书(HNC)和高等教育证书(CertHE)资格,水平5为短阶段资格,短阶段资格包括在或可以连接到第一阶段资格,水平6、7和8分别相当于第一阶段(学士)、第二阶段(硕士)和第三阶段(博士)资格[5]。

英国高等教育资格框架(FHEQ)中各水平的典型资格及其对应的欧洲高等教育资格框架(FQ-EHEA)阶段[5]　表2-2

各水平的典型高等教育资格	FHEQ 水平	对应的 FQ-EHEA 阶段
博士学位,例如:哲学博士(PhD/DPhil),包括新制博士(new-route PhD)、教育博士(EdD)、工商管理博士(DBA)、临床心理学博士(DClinPsy)	8	第三阶段资格
硕士学位,例如:哲学硕士(MPhil)、文学硕士(MLitt)、研究硕士(MRes)、艺术硕士(MA)、科学硕士(MSc)	7	第二阶段资格
综合型硕士学位,例如:综合型工程硕士(MEng)、化学硕士(MChem)、物理学硕士(MPhys)、药剂学硕士(MPharm)		
研究生教育证书(PGCF)		
研究生证书		
荣誉学士学位,例如:荣誉文学/理学学士(BA/BSc Hons)	6	第一阶段资格
学士学位		
基础学位,例如:文学基础学位(FdA)、理学基础学位(FdSc)	5	短阶段(包括在或可以连接到第一阶段)资格
高等教育文凭(DipHE)		
高等国家文凭(HND)		
高等国家证书(HNC)	4	
高等教育证书(CertHE)		

英国工程委员会在2013年1月发布了新版认证手册，对原有的2004年版本认证手册进行了修改，修改原因之一便是应对英国高等教育资格框架的上述调整[3]。在博洛尼亚进程大背景下对本国高等教育资格框架进行修改，这使得英国高等工程教育的学位体系更具国际兼容性和可比性，也为其工程教育认证的国际互认提供了基础。

二、认证标准比较

EUR-ACE和英国工程教育认证都是基于学习产出标准，对比可发现，二者对学习产出包含的内容有一致的认识，但分类方法不同。EUR-ACE对学习产出的分类更加简洁，分为：知识和理解、工程分析、工程设计、调查、工程实践和可转移技能6项；英国工程委员会将学习产出分为“一般产出”和“特殊产出”，“一般产出”包括“知识和理解”“智力能力”“实践技能”和“通用的可转移技能”4项，“特殊产出”包括“对相关工程学会定义的支撑性科学和数学，以及相关的工程学科的理解”“工程分析”“设计”“经济、社会和环境背景”和“工程实践”5项。

从认证项目来看，EUR-ACE按博洛尼亚进程对高等教育资格的定义，对第一阶段（学士）和第二阶段（硕士）学位项目进行认证。如前所述，英国工程委员会对认证项目并不完全是按照学位层次来划分的，而是与注册为各类工程师的教育基础要求关联。EUR-ACE是博洛尼亚进程的产物，因此EUR-ACE对认证项目的分类是以欧洲高等教育资格框架为依据的，而且更具包容性，以使其认证标准具有广泛的适用性和可操作性，为各国的工程教育认证都能提供依据。

从EUR-ACE和英国工程教育认证的关系来看，二者互相影响、相互促进、共同发展。EUR-ACE作为欧洲层面的认证制度，是从欧洲各国现存的认证标准和程序中总结而来，从现实的法律和文化差异中发源而来的，并且不是“替代性的”或“均质的”，而是兼容并包的和综合的[6]。在EUR-ACE制度的形成过程中,英国积累几十年的认证经验发挥了重要作用。英国工程委员会是欧洲工程教育认证网络的成员,并且从欧洲工程教育认证网络获得了EUR-ACE 标签的授权,能够获得授权,就说明英国工程委员会的认证标准符合 EUR-ACE 的要求。英国对高等教育资格框架的修改和校准,体现出英国的认证活动受到了博洛尼亚进程的影响,并对 EUR-ACE 的标准作出了响应。

第四节　对我国硕士研究生工程教育认证的启示

虽然英国的综合型工程硕士与我国的工程硕士在制度上有所不同,但从学位的定位和培养目标上来说,二者有很多共性。因此,英国的经验可以为提高我国工程硕士的培养质量和开展硕士层次的工程教育认证工作提供借鉴。

一、通过开展认证,进一步提高工程硕士的培养质量

综合型工程硕士在工程师注册中的优势地位,增强了工程硕士对优质生源的吸引力,提高了工程硕士的社会认可度。通过设置明晰的认证标准,综合型工程硕士进一步确立了自身的特色,这为高等教育机构提供了指导,既保证了工程硕士宽广的知识面,又强调了其在工程实践和设计上的优势,从而与其他学位区别开来。

我国的工程硕士专业学位从1984年试点到1997年正式设立至今,已经历了三十多年的发展。2015年,我国工程硕士录取人数达到15万人,已成为我国专业学位中涉及领域最多、招生规模最大的一种。但工程硕士的培养仍存在很多问题,突出表现在工程硕士的社会认可度不高、工程硕士和工学硕士区别不明显、工程硕士的工程实践能力不足等方面。

因此,可以考虑设置工程硕士的专业认证标准,进一步明确工程硕士的定位,突出其区别于工学学士和工学硕士的特色,强化经过认证的工程硕士在工程师职业体系中的优势地位,以增强工程硕士的吸引力和社会认可度,提高工程硕士的培养质量。

二、与本科统筹考虑,尽早开展硕士层次的认证研究

英国所有的高等工程教育项目都由统一的认证机构,遵循同样的认证程序,并按照相同的学习产出内容来进行认证,区别只是在于,硕士层次的认证

标准在深度和广度上都较学士更高。

我国已于2013年成功申请成为《华盛顿协议》的预备成员，经过多年的研究和筹备，本科层次的工程教育认证已经进入正式确立和快速发展期。目前，国际上进行硕士层次工程教育认证的国家还不多，各大国际认证组织对硕士层次的认证也处于探索阶段，因此我国可参照英国和欧洲的经验，以加入《华盛顿协议》为契机，统筹考虑并综合设计我国本科和硕士层次的认证标准，使我国硕士层次的工程教育认证工作走在国际前列，为未来可能在国际范围内推广普及的硕士层次工程教育认证活动提供经验和借鉴，同时提高我国工程硕士人才的国际竞争力。

本章参考文献

[1] 郑娟,王孙禺.英国硕士层次工程教育专业认证制度探讨[J],高等工程教育研究,2015(1),83-90.

[2] Subject Benchmark Statement: Engineering February 2015[EB/OL], http://www.qaa.ac.uk/en/Publications/Documents/SBC-engineering-15.pdf.

[3] http://www.qaa.ac.uk/en.

[4] Accreditation of Higher Education Programmes[EB/OL]. http://www.engc.org.uk/standards-guidance/standards/accreditation-of-higher-education-programmes-ahep/.

[5] The Framework for Higher Education Qualifications in England, Wales and Northern Ireland, Augest 2008[EB/OL]. http://www.qaa.ac.uk/en/Publications/Documents/Framework-Higher-Education-Qualifications-08.pdf.

[6] Augusti G. Accreditaiton of Engineering Programmes: European Perspectives and Challenges in a Global Context[J]. European Journal of Engineering Education, 2007, 32(3), 273-283.

第三章

交通运输工程领域硕士研究生工程教育认证标准内容设计

第一节　价值多元导向的认证标准内容设计原则

认证标准与指标体系是进行硕士研究生工程教育认证的共同价值尺度，标准是认证的依据，标准是统一的，不认可标准可不申请认证。因此，在这个共同的价值尺度的制订过程中，应吸收各利益相关方进行协商，各利益相关方应充分表达自己的价值需求和主张，然后通过大量的时间与资源的互动协商，彼此接纳、融合，达成共识。流程如图 3-1 所示：政府可以基于国家政治意识、社会公共属性等方面的要求提出价值判断标准，企业与行业协（学）会组织可以基于对从业人员知识、能力等方面的要求提出价值判断标准，培养单位中的利益相关者可以基于自身的教育目标和特色提出价值判断标准。这些价值判断标准之间可能有包容也有冲突，各利益相关者通过协商与辨析，最终形成共同的认证标准与指标体系。通过价值协商形成的认证标准与指标体系，包含了各利益相关方都接受的价值需求，以此为基础而形成的认证结论能够被各利益相关方接受与认可，即可以建立共同的价值基础。

在各利益相关方通过价值协商建立认证标准与指标体系的过程中，应坚持以下两个原则：

（1）各利益相关方充分、平等地参与协商。

尽管各利益相关方具有不同的价值理念，在认证过程中也可能存在认证主体与被认证对象的关系，但作为认证标准与指标体系的形成过程中的对话主体，他们的地位是平等的。各利益相关方都有充分表达价值主张与诉求的权利，并且各方——包括被认证对象的价值主张与诉求，都应得到同等尊重。即使在最后形成的认证标准与指标体系中，不同利益相关方的价值需求与判断标准具有不同的权重，这一结果也必须是建立在平等协商、共同接受的基础之上。

（2）认证标准与指标体系是开放的、动态包容的。

虽然认证标准与指标体系是各利益相关方通过价值协商达成共识而形

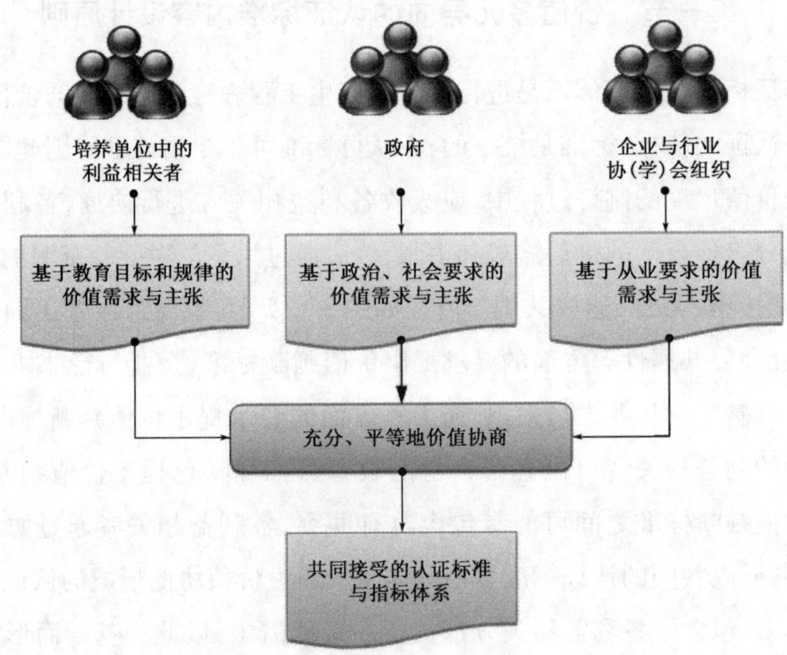

图3-1　认证标准与指标体系制订流程

成的，但是各利益相关方参与协商的人员往往是通过一定机制产生的代表。由于硕士研究生工程教育具有差异性大的特点，各利益相关方代表在协商中可能不能兼顾自己所代表的一方的各个不同主体的特殊的、而又是合理的、体现该主体特色价值的需求。这些价值需求只有在具体实施认证的过程中才有可能被发现。此时，认证标准与指标体系应能对这种认证过程中发现的价值进行判断与包容。

因此，一方面，硕士研究生工程教育认证标准内容设计应尊重各利益相关方的多元化价值需求，通过价值协商建立共同的认证标准。另一方面，在交通运输工程领域硕士研究生工程教育认证标准的设计与实践过程中，还应处理好认证标准与硕士专业学位标准的关联性。交通运输工程领域工程硕士专业学位标准（以下简称“学位标准”）是对工程硕士培养单位的培养过程及获得学位的要求作出的基本规定，包括对学位获得者所应具备的知识结构、能力、专业素养、职业道德等方面的基本要求，以及为了达到这些要求，各培养环节所应具备的基本功能，见附录Ⅰ。交通运输工程领域专业学位研究生工程教育认证标准（以下简称“认证标准”）与学位标准虽然大体上对工程硕士毕业生的基本要求一致，但认证标准在紧密联系工程实际问题的基础上，对毕业生的学习产出要求往往更细化、更明确、更贴近工程问题的本质。认证标准关注专业培养是否达到合格标准，没有任何水平评价和横向比较的取向，个别或少数优秀学生不能反映本专业对全体毕业生的教育质量。

第二节　硕士研究生与本科认证标准内容框架的衔接与差异

一、我国工程专业学位硕士研究生培养差异性调研结果

工程专业学位硕士培养相较学士培养具有明显的差异性，主要体现在培养规格的多样性、培养学制差异、学分差异 3 个方面：①培养规格的多样性。可以区分为全日制工程硕士和非全日制工程硕士，前者培养的对象多为应届的学生，没有工作经验，后者培养的对象是具有一定工作经验的在职人员，是与企业共同培养的，在职人员应一边工作一边完成工程硕士的各项培养环节。②培养学制差异。英国和美国均有 1 年学制的工程硕士，国内则分别有 2 年、2.5 年和 3 年的培养学制。③学分差异。学制的差异必然带来总学分要求的差异；此外，还带来培养环节三个要素——专业实践、课程设置、学位论文的差异。

本节以交通运输工程领域全日制专业学位硕士培养为例，选取了该领域专业建设水平处于我国前列的西南交通大学、中南大学、东南大学、北京交通大学和同济大学五所高校，收集 2011—2014 年各高校的全日制专业学位硕士培养方案[1~5]，具体分析了上述第②和第③两个方面的差异，结果如下。

1. 学制差异

五所高校全日制专业学位硕士学制差异较大，东南大学和北京交通大学的学制为 2 年，西南交通大学和中南大学的学制不少于 3 年，同济大学的学制为 2.5 年，如表 3-1 所示。

五所高校全日制专业学位硕士学制　　表 3-1

学校	西南交通大学	中南大学	东南大学	北京交通大学	同济大学
学制	3 年	弹性学制，3 ~5 年	2 年	2 年	2.5 年

2. 学分差异

五所高校由于学制不同，全日制专业学位硕士达到毕业要求的总学分也

有明显差异，东南大学总学分要求最低（不少于26学分），中南大学总学分要求最高（不少于36学分），如表3-2所示。

五所高校全日制专业学位硕士学分要求　　表3-2

学校	总学分	分项要求
西南交通大学	30	公共学位课6（20%）；公共基础课4（13%）；专业基础课6（20%）；专业课6（20%）；实践教学环节6（20%，含专业前沿、专业实践、学术报告）；实验课程2（7%）
中南大学	36	公共学位课6（16.5%）；专业学位课14（39%）；选修课6（16.5%）培养环节10（28%，含形势与政策2、学位论文选题1、专业实践4、学术交流与学术报告2、社会实践1）
东南大学	26	公共学位课6（23%）；专业学位课10（38.5%）；非专业学位课8（31%）（要求选修其他学院课程）；人文素养1；学术活动及学术论文撰写1
北京交通大学	28	公共基础理论课6（21.5%）；专业技术类基础课4（14%）；专业技术类选修课6（21.5%）；工具性和人文类选修课4（14%）；实践类8［29%，含专业实践2、前沿讲座2、专业前沿技术研讨班2、实践课程三选一2（交通仿真技术、交通规划与设计、信息技术应用与实践）］
同济大学	32	公共学位课5（16%）；专业学位课11（34%）；非学位课8（25%）；必修环节8（25%，含论文选题1、专业实践6、学术行为规范1）

3. 专业实践培养差异

五所高校对于学生到企业、事业或其他单位从事专业实践活动的培养要求差异主要体现在累计时间要求和学分差异上。累计时间方面，同济大学要求不少于3个月，西南交通大学要求不少于1个学期，北京交通大学要求不少于6个月，中南大学要求不少于12个月。学分设置方面，东南大学没有实践学分要求，同济大学专业实践学分要求最高，为6学分（占总学分比例为19%），如表3-3所示。

五所高校专业实践培养方案比较 表 3-3

学校	学分(占比)	累计时间要求	学习成果要求	审核或考查方式
西南交通大学	5(17%)	采用集中实践与分段实践相结合的方式进行实践教学,其时间原则上不少于1个学期	提交实践学习计划,填写实践日志,撰写实践学习总结报告	考核后给予成绩评定
中南大学	4(11%)	到企业、事业或其他单位从事专业实践活动时间累计12月以上	提交专业实习计划、现场单位的考核意见、实习总结	经指导教师确认,由学院研究生管理人员审定
东南大学	0	—	—	—
北京交通大学	2(7%)	一般应在现场或实习单位进行实习,时间一般不少于6个月	在导师指导下提交实习总结报告	由各专业领域自行确定
同济大学	6(19%)	在现场或实习单位实习时间不少于3个月,工程项目训练累计时间不少于9个月	提交专业实习计划、现场单位的考核意见、实习总结	系组织审核,评定分数

4. 课程设置差异

五所高校培养方案中的课程设置差异较大,课程可按照公共学位课、专业学位课、专业选修课和学术讲座与学术报告4类进行对比分析,具体如下。

(1)公共学位课:五所高校的学分要求均为5~6学分,相同课程包括英语、中国特色社会主义理论与实践,但公共学位课学分占总学分比例有较大差异,最低占16%,最高占23%。

(2)专业学位课:五所高校对专业学位课的学分要求有较大差异,开设的课程数量与二级学科、专业方向或研究方向相关。北京交通大学学分要求最低,为4学分,中南大学学分要求最高,为14学分,如表3-4所示。五所高校相同或相近的课程仅有2门,包括交通运输工程学(或交通工程理论)、交通规划理论与方法(或综合交通系统规划)。

五所高校专业学位课设置比较 表 3-4

学校	西南交通大学	中南大学	东南大学	北京交通大学	同济大学
学分	10	14	10	4	11
占总学分比例	17%	39%	38.5%	14%	34%
开设情况	支持 1 个二级学科,6 个研究方向,13 门课程	支持 2 个二级学科,15 个研究方向,36 门课程	支持 4 个二级学科,7 个研究方向,49 门课程	支持 2 个二级学科,13 个研究方向,9 门课程	支持 3 个二级学科,33 门课程

(3)专业选修课:除东南大学外,四所高校的学分要求均为 6 ~ 8 学分,开设的课程数量与二级学科、专业方向或研究方向相关。西南交通大学专业选修课的课程数量最少,为 16 门,同济大学由于支撑了 3 个二级学科方向,专业选修课的课程数量最多,为 33 门,如表 3-5 所示。东南大学培养方案中对非学位课程的要求为 8 学分,但是没有列出具体课程名称。

四所高校专业选修课设置比较 表 3-5

学校	西南交通大学	中南大学	北京交通大学	同济大学
学分	6	6	6	8
占总学分比例	20%	16.5%	21.5%	25%
开设情况	支持 1 个二级学科,6 个研究方向,16 门课程	支持 2 个二级学科,15 个研究方向,18 门课程	支持 2 个二级学科,21 门课程	支持 3 个二级学科,33 门课程

(4)学术讲座与学术报告:五所高校均有此培养环节,学分要求为 1 ~ 2 学分,较为一致。

5. 学位论文要求差异

五所高校中,三所高校对学位论文工作时间要求不少于 1 年,西南交通大学和中南大学要求不少于 1.5 年。各高校对论文选题、查阅文献的篇数与字数的要求有一定差异,如表 3-6 所示。

五所高校学位论文要求比较　　表 3-6

学校	工作时间要求	论文选题要求	查阅文献篇数与字数要求
西南交通大学	不少于 1.5 年	选择对国民经济建设具有重要应用价值或理论意义的课题,应尽量结合导师的科研项目。论文选题必须经导师同意并通过论证	—
中南大学	不少于 1.5 年	来源于工程实际或具有明确的工程技术背景。学位论文内容可以是工程设计与研究、技术研究或技术改造方案研究、工程软件或应用软件开发、工程管理等	查阅文献资料 60 篇以上,其中外文文献应占 1/3 以上
东南大学	不少于 1 年	在调查研究的基础上,选择对国民经济发展有一定意义的课题	阅读文献 30 篇以上,其中外文文献不少于 15 篇;字数不少于 2 万字
北京交通大学	不少于 1 年	来源于应用课题或现实问题,有明确的职业背景和应用价值	—
同济大学	不少于 1 年	直接来源于生产实际或具有明确的工程背景,其研究成果要有实际应用价值	—

二、我国本科工程教育认证通用标准和交通运输类专业补充标准

中国工程教育专业认证协会发布的本科工程教育认证标准由通用标准和专业补充标准构成[6]。通用标准分为 7 个部分,分别是:1)学生;2)培养目标;3)毕业要求;4)持续改进;5)课程体系;6)师资队伍;7)支持条件。专业补充标准规定了相应专业在课程体系、师资队伍和支持条件方面的特殊要求[6]。

1. 通用标准

1)学生

(1)具有吸引优秀生源的制度和措施。

(2)具有完善的学生学习指导、职业规划、就业指导、心理辅导等方面的措施并能够很好地执行落实。

(3)对学生在整个学习过程中的表现进行跟踪与评估,并通过形成性评价保证学生毕业时达到毕业要求。

(4)有明确的规定和相应认定过程,认可转专业、转学学生的原有学分。

2)培养目标

(1)有公开的、符合学校定位的、适应社会经济发展需要的培养目标。

(2)培养目标能反映学生毕业后5年左右在社会与专业领域预期能够取得的成就。

(3)定期评价培养目标的合理性并根据评价结果对培养目标进行修订,评价与修订过程有行业或企业专家参与。

3)毕业要求

专业必须有明确、公开的毕业要求,毕业要求应能支撑培养目标的达成。专业应通过评价证明毕业要求的达成。专业制订的毕业要求应完全覆盖以下内容:

(1)工程知识:能够将数学、自然科学、工程基础和专业知识用于解决复杂工程问题。

(2)问题分析:能够应用数学、自然科学和工程科学的基本原理,识别、表达、并通过文献研究分析复杂工程问题,以获得有效结论。

(3)设计/开发解决方案:能够设计针对复杂工程问题的解决方案,设计满足特定需求的系统、单元(部件)或工艺流程,并能够在设计环节中体现创新意识,考虑社会、健康、安全、法律、文化及环境等因素。

(4)研究:能够基于科学原理并采用科学方法对复杂工程问题进行研究,包括设计实验、分析与解释数据、并通过信息综合得到合理有效的结论。

(5)使用现代工具:能够针对复杂工程问题,开发、选择与使用恰当的技术、资源、现代工程工具和信息技术工具,包括对复杂工程问题的预测与模拟,并能够理解其局限性。

(6)工程与社会:能够基于工程相关背景知识进行合理分析,评价专业工程实践和复杂工程问题解决方案对社会、健康、安全、法律及文化的影响,并理解应承担的责任。

(7)环境和可持续发展:能够理解和评价针对复杂工程问题的专业工程实践对环境、社会可持续发展的影响。

(8)职业规范:具有人文社会科学素养、社会责任感,能够在工程实践中理解并遵守工程职业道德和规范,履行责任。

(9)个人和团队:能够在多学科背景下的团队中承担个体、团队成员及负责人的角色。

(10)沟通:能够就复杂工程问题与业界同行及社会公众进行有效沟通和交流,包括撰写报告和设计文稿、陈述发言、清晰表达或回应指令,并具备一定的国际视野,能够在跨文化背景下进行沟通和交流。

(11)项目管理:理解并掌握工程管理原理与经济决策方法,并能在多学科环境中应用。

(12)终身学习:具有自主学习和终身学习的意识,具有不断学习和适应发展的能力。

4)持续改进

(1)建立教学过程质量监控机制。各主要教学环节有明确的质量要求,通过教学环节、过程监控和质量评价促进毕业要求的达成;定期进行课程体系设置和教学质量的评价。

(2)建立毕业生跟踪反馈机制及有高等教育系统以外有关各方参与的社会评价机制,对培养目标是否达成进行定期评价。

(3)能证明评价的结果被用于专业的持续改进。

5)课程体系

课程设置能支持毕业要求的达成,课程体系设计有企业或行业专家参与。课程体系必须包括：

（1）与本专业毕业要求相适应的数学与自然科学类课程（至少占总学分的15%）。

（2）符合本专业毕业要求的工程基础类课程、专业基础类课程与专业类课程（至少占总学分的30%）。工程基础类课程和专业基础类课程能体现数学和自然科学在本专业应用能力的培养，专业类课程能体现系统设计和实现能力的培养。

（3）工程实践与毕业设计（论文）（至少占总学分的20%）。设置完善的实践教学体系，并与企业合作，开展实习、实训，培养学生的实践能力和创新能力。毕业设计（论文）选题要结合本专业的工程实际问题，培养学生的工程意识、协作精神及综合应用所学知识解决实际问题的能力。对毕业设计（论文）的指导和考核有企业或行业专家参与。

（4）人文社会科学类通识教育课程（至少占总学分的15%）。使学生在从事工程设计时能够考虑经济、环境、法律、伦理等各种制约因素。

6）师资队伍

（1）教师数量能满足教学需要，结构合理，并有企业或行业专家作为兼职教师。

（2）教师具有足够的教学能力、专业水平、工程经验、沟通能力、职业发展能力，并且能够开展工程实践问题研究，参与学术交流。教师的工程背景应能满足专业教学的需要。

（3）教师有足够时间和精力投入到本科教学和学生指导中，并积极参与教学研究与改革。

（4）教师为学生提供指导、咨询、服务，并对学生职业生涯规划、职业从业教育有足够的指导。

（5）教师明确他们在教学质量提升过程中的责任，不断改进工作。

7）支持条件

（1）教室、实验室及设备在数量和功能上满足教学需要。有良好的管理、维护和更新机制，使得学生能够方便地使用。与企业合作共建实习和实训基地，在教学过程中为学生提供参与工程实践的平台。

（2）计算机、网络及图书资料资源能够满足学生的学习及教师的日常教学和科研所需。资源管理规范、共享程度高。

（3）教学经费有保证，总量能满足教学需要。

（4）学校能够有效地支持教师队伍建设，吸引与稳定合格的教师，并支持教师本身的专业发展，包括对青年教师的指导和培养。

（5）学校能够提供达成毕业要求所必需的基础设施，包括为学生的实践活动、创新活动提供有效支持。

（6）学校的教学管理与服务规范，能有效地支持专业毕业要求的达成。

2. 交通运输类专业补充标准

本补充标准适用于交通运输类专业，包括交通运输专业和交通工程专业。

1）课程体系

（1）课程设置。

课程由学校根据自身的办学特色自主设置，本专业补充标准只对数学与自然科学类，工程基础类、专业基础类、专业类，人文社会科学类课程应包含的知识领域提出要求。

①数学与自然科学类课程。

数学：应包括解析几何、微积分、常微分方程、线性代数、概率和数理统计等基本知识。

自然科学类课程：应包括力学、振动、波动、光学和热力学、电磁学等基本知识。其他自然科学类课程可依专业特色的需要自行设定。

②工程基础、专业基础、专业类课程（至少占总学分的40%）。

工程基础类课程:应包括画法几何与工程制图,道路、铁道、水运、航空等工程基础与信息控制基础、计算机应用技术等知识领域。

专业基础类课程:交通运输专业应包括交通运输政策法规、交通运输设备、交通运输规划、交通运输商务、交通运输经济、交通运输安全和运筹学等知识领域。交通工程专业应包括城市规划原理、交通设施勘测设计、交通工程、道路工程、控制工程、道路建筑材料、交通系统分析、智能交通与控制、运筹学、计算机辅助交通工程设计等知识领域。

专业类课程:交通运输专业应包括旅客运营组织、货物运营组织、港站枢纽规划与设计、调度指挥知识领域,各校可结合自身办学特色设置体现不同运输方式特点的课程。交通工程专业应包括交通设施规划、交通组织、交通运营方面的知识领域,具体分为交通调查与分析、交通流理论、交通规划、交通设计、交通管理与控制、交通安全、交通经济、公共交通等内容。

上述各类课程之外,设置一定数量的专业补充课程,强化学生的个性化发展。

③人文社会科学类通识教育课程。

包括从事工程实践活动需要的哲学、伦理、法律、经济、环境、思想道德等知识领域。

(2)工程实践与毕业设计(论文)。

①工程实践。

具有满足达成培养目标需要的工程实践教学体系,主要包括实习、实验、课程设计等,鼓励开展科技创新活动和社会实践。要求具备完整的工程实践大纲、指导书,学生按规范完成工程实践报告。实习应建立相对稳定的校内外实习基地,密切产学研合作。实验中综合型、设计型、创新型实验比例应高于50%。课程设计应至少完成两个贯穿课程主要知识点的设计训练。

②毕业设计(论文)。

应具备科学、合理、严格的毕业设计(论文)管理制度及其质量监督保障机制,毕业设计(论文)应材料齐全。选题应有明确的工程应用背景,工作量和难度适中。指导教师应引导学生完成选题、调研、查阅资料、需求分析、制订计划及研究、设计、撰写等环节,使学生得到全面、系统的专业能力训练。指导的学生应数量适当,并保证达到规定的指导次数和指导时间。

2)师资队伍

(1)专业背景。

从事专业课教学(含实践教学)的主讲教师,原则上具有硕士或博士学位(具有5年以上工程实践经历的教师除外)。学习经历中至少有一个是交通运输工程相关专业或已取得专业岗位资格。高级职称教师占专任教师的比例不低于40%。

(2)工程背景。

从事专业课教学的主讲教师,应每3年有3个月以上的工程实践(包括现场实习或指导现场实习、参与交通运输工程项目开发、在交通运输工程企业工作等)经历。应有明确的科研方向和不间断地参与科研工作实践。

3)专业条件

(1)专业资料。

学校图书馆或所属院(系)资料室(或分馆)中应具有与本专业有关的满足专业学生需要数量的各类文献信息资源和相应的检索工具等。

(2)实验条件。

应拥有支撑本专业教学的实验场地和设施设备,满足大纲要求的实验项目内容和学时要求。实验室应建立完善的开放运行管理制度和实验教学质量保证体系。

(3)实践基地。

应建立相对稳定的实习基地,建设年限在3年以上。实习基地应具有明确的实践教学目的和任务,实习的场地、设施、教辅人员能够满足人才培养的需要。实习基地参与教学活动的人员对实践教学目标与要求有足够的理解。

三、认证标准内容框架的衔接与差异

我国本科层次的工程教育认证已经正式确立,并进入快速发展期。交通运输工程领域硕士研究生工程教育认证标准内容的框架设计可参照英国和欧洲的经验,与我国本科工程教育认证通用标准的7项内容进行衔接;但同时,考虑到国内各高校学制、学分、课程设置、专业实践培养的差异性,以及硕士研究生与本科生培养模式的差异性,在标准内容框架衔接的过程中,应通过分项标准内容来体现硕士研究生工程教育认证标准的差异。具体建议如下。

1.硕士研究生工程教育认证标准内容框架

在中国工程教育专业认证协会发布的本科工程教育认证标准的基础上,硕士研究生工程教育认证标准内容也分为7个部分,分别是:1)学生;2)培养目标;3)毕业要求;4)持续改进;5)培养环节;6)师资队伍;7)支持条件。

2.硕士研究生与本科认证标准内容的差异

认证标准7项内容中的3)毕业要求;5)培养环节;6)师资队伍3项与本科认证标准内容具有较大差异。毕业要求反映的是硕士研究生毕业时应具备的能力标准,必然与本科毕业生有较大差别,将在本章第三节中具体描述;本科生培养以课程为主,而硕士研究生培养除了课程以外,强调“工程实践”和“学位论文”培养,因此有一定差别;师资队伍项中,导师对研究生的培养发挥着重要作用,这与本科生有较大差别[7]。硕士研究生培养环节和师资队伍的标准内容与本科认证标准内容的差别具体表述如下。

1)培养环节

考虑到与国际认证标准的接轨,硕士研究生认证标准中“工程实践”和“学位论文”不单独列为大项标准,而是建议将本科通用标准中第5项“课程体系”调整为“培养环节”,即培养环节包括课程、实践环节和学位论文[7]。完整的培养环节应能支持毕业要求的达成,培养环节设计有企业或行业专家参与。

前文指出,交通运输工程领域五所高校全日制硕士在公共学位课、专业学位课、专业选修课的学分设置、学分比例上均有较大差异,很难按照本科生的课程体系标准给出各类课程占学分比例的最低要求。建议硕士研究生在“课程体系”这一项中,提出必须设置人文社会科学类通识教育课程,与本专业毕业要求相适应的数学与自然科学类课程,符合本专业毕业要求的工程基础类课程、专业基础类课程与专业类课程的要求即可。同样,对实践环节、学位论文只需给出明确要求,不需给出学分比例最低要求,以适应各高校专业方向和毕业生就业去向的多样性[7]。

2)师资队伍

一方面,硕士研究生与本科生培养的明显差异在于硕士研究生采取导师制,因此在师资队伍这项通用标准中,应明确“导师”有足够时间和精力投入到研究生指导中,而不是本科通用标准中的“教师”有足够时间和精力投入到本科教学和学生指导中[7]。

另一方面,专业教师对硕士研究生的专业深度和应用能力的培养至关重要,因此,在通用标准中应明确“专业教师”具有专业水平、工程经验、职业发展能力且能够开展工程实践问题研究,参与学术交流,而区别于本科通用标准中泛指的“教师”。

第三节　硕士研究生工程教育认证标准——毕业要求的设计

国际工程联盟是国际上重要的工程教育与工程师职业联盟，其宗旨是通过双边或多边认可工程教育资格及工程师职业资格，促进工程师跨国执业。国际工程联盟提出了毕业生素质及职业能力的概念，因此本节首先引用国际工程联盟提出的毕业生素质及职业能力的概念，然后通过对交通运输工程领域用人单位和高级工程师的调研结果，定量分析交通运输工程师的能力结构、高校对硕士研究生和本科生能力培养的差异，然后确定硕士研究生毕业要求的标准内容。

一、毕业生素质及职业能力

1.毕业生素质及职业能力的概念

工程从满足人类需求、经济发展和社会服务等方面来看，是一项十分重要的活动。工程旨在寻求解决方案，往往在不确定的背景条件下，需要对方案可能产生的效果作出最大程度上的预测。工程在带来利益的同时，也会带来潜在的负面影响。因此，开展工程活动时必须具备责任感并恪守道德，高效使用可获取的能源，做到节能、经济，保障健康和安全，做到环保和可持续发展，并将风险管理贯穿于整个体系的全过程中[8]。

典型的工程活动需要工程师、工程技术专家和工程技术员等几类人员共同参与。在许多国家或行政辖区内，工程师、工程技术专家和工程技术员都是需要进行职业资格注册的。这三类人员根据他们各自应具备的能力及各自所承担公众责任的程度不同而进行区分，并存在一定程度上的重叠[8]。每一类人员应具备的教育基础和能力将在下文详述。

工程专业人员的发展是一个持续性过程，其中要经历几个重要的认证阶段。第一个阶段要取得经认证的教育资质，即毕业生阶段。工程教育的根本目的是建立知识基础和素质,使毕业生有能力继续学习并提升发展。经过一段时间的提升发展,就进入第二个阶段,即职业注册阶段。持续提升发展的根本目的,是在原有的教育基础上,形成独立从业所必需的能力。在独立从业过程中,毕业生要与工程从业者并肩工作,从辅助性工作做起,逐渐承担更多的个人和团队责任,直至最终具备职业注册所必需的能力。一旦获得注册,工程从业人员还必须保持和拓展自身的能力[8]。

对工程师和工程技术专家而言,第三个阶段是获得不同国家或行政辖区的国际注册资格。此外,工程师、工程技术专家和工程技术员还需要在整个职业生涯中保持和不断提升能力。

1)毕业生素质

(1)毕业生素质的概念和作用。

毕业生素质是一系列独立且可评价的成果的组合,这些成果能够反映毕业生获得的某种程度的实践从业能力。毕业生素质是已认证专业毕业的学生所应具备的素质,是对毕业生所应具备的能力的清晰、简明的阐述,在必要的情况下,根据专业类型,需通过指标加以限定[8]。

毕业生素质旨在帮助国际工程联盟成员制订出一套以结果为导向的认证标准,供他们在其行政辖区内使用。毕业生素质也可用于指导希望取得联盟签约成员身份的组织构建自己的认证体系[8]。

毕业生素质是针对工程师、工程技术专家和工程技术员的教育资格而定义的,毕业生素质可用来表现不同专业毕业生的特性和共性。

(2)毕业生素质的局限性。

联盟签约成员是根据不同层次(工程师、工程技术专家或工程技术员)来制订标准的。每个层次的标准都以实质等效性为原则,也就是说,不要求具备完全相同的结果和内容,而是要求培养出能够从业,并能够通过培训和实习获得职业能力及注册资格的毕业生。毕业生素质本身并不是“国际标

准”,而是为各(认证)组织描述实质等效性资格提供一种被广泛接受的一般性参考[8]。

“毕业生”这一术语并不意味着一种特定的资质类型,而只代表达到了某一层次学位或文凭的出口(毕业)水平。

(3)毕业生素质和专业质量。

毕业生素质包含对不同层次的表达,是可评价的结果,是可达成的专业教育目标,联盟签约成员可对其进行完善。专业质量的评价项目不仅包括培养目标和毕业生素质,还包括专业规划、资源条件、教学和学习过程及学生评价、是否满足毕业生素质要求等。

(4)毕业生素质的范畴和结构。

国际工程联盟涉及三个国际工程教育认证和三个工程师认证协议,三个工程教育认证协议分别是:《华盛顿协议》《悉尼协议》和《都柏林协议》;三个工程师认证协议分别是:《国际职业工程师协议》《国际工程技术专家协议》和《亚太工程师认证协议》。《华盛顿协议》《悉尼协议》和《都柏林协议》分别对应工程师、工程技术专家和工程技术员这三个不同层次。毕业生素质由 12 个关键词组成,每个关键词下都列出了一些差异化特性,可对工程师、工程技术专家和工程技术员加以区分[8]。对于每种素质,针对工程师、工程技术专家和工程技术员都有一个共同的主干性描述。例如,在“工程科学知识”这项素质中,共同的主干性描述为:将数学、科学、基础性及专业性工程知识应用于……不同的分层次描述为:工程师层次侧重“解决复杂的工程问题”;工程技术专家层次侧重“确定及应用工程流程、程序、系统和方法”;工程技术员层次侧重“广泛的实践操作性流程和实践工作”。

表 3-7 列出了不同协议中与“工程科学知识”素质相对应的描述。这些毕业生素质是普遍适用的,反映了可接受的最低标准,并可进行客观评测。尽管所有的素质都是重要的,但每项素质的权重并不相同。这些素质在遴选

时着眼于长期有效的考虑,除非有较多争议,否则轻易不会修改。

不同协议中与“工程科学知识”素质相对应的描述　表3-7

《华盛顿协议》	《悉尼协议》	《都柏林协议》
将数学、科学、基础性及专业性工程知识应用于解决复杂的工程问题	将数学、科学、基础性及专业性工程知识应用于确定及应用工程流程、程序、系统和方法	将数学、科学、基础性及专业性工程知识应用于广泛的实践操作性流程和实践工作

(5)具体(学科)背景下的解读。

毕业生素质的描述是一般概括性的,并且适用于所有的工程学科。在具体学科背景下对这些描述进行解读时,某项描述可能会被放大或特别强调,但要保持其实质内容不能改变,并且不能忽略任何单项因素。

(6)毕业生素质的应用——专业设计。

认证标准中的毕业生素质被定义为衡量学习产出的一系列指标和毕业生须表现出来的素质。这些对毕业生的要求并不是参照专业的设计情况而制订的,教育提供者可以用不同的组织结构、学习方式和教学方式来设计专业。因此,对各个专业的评估将关注毕业生素质的达成,这也正是各国认证体系所关注的。

2)职业能力

(1)职业能力的概念和作用。

一个在专业上或职业上能够胜任工作的人,应具备从事该专业或职业所必需的素质,达到独立从业或工作实践所要求的标准。每个职业类别的职业能力要求都明确了必备的能力要素,这些要素代表的是专业人员在获得资格认证时所必须具备的全面综合性能力。

职业能力可以用一系列的素质来描述,这些素质很大程度上与“毕业生素质”相对应,但强调的重点不同。例如,在职业能力层面,具备在现实情况中承担责任的能力是非常重要的。职业能力与毕业生素质不同,并不是一系列可以单独呈现的素质的集合，而是全面的综合性体现。

(2)职业能力的局限性。

如同毕业生素质一样，对职业能力的要求并不是细节性规范，而是给出了应体现的关键性要素。职业能力要求并没有设定具体的能力指标，也没有对评价不同实践领域或不同工作类型的能力时应当如何理解各项要素做出明确说明。

每个国家或行政辖区都会制订各自的绩效指标，也就是(资格注册)候选人所应表现出来的能力。例如，设计能力可以由下列要素体现：

①确定和分析设计/规划要求，并制订详细的要求细则。

②综合处理一系列可选的条件，提出问题解决方案或项目实施办法。

③根据要求及要求之外的影响因素，对可选方案进行评估。

④对选定的方案展开全面设计。

⑤形成可实施的设计文本。

(3)职业能力的范畴和结构。

在涉及资格注册时，针对工程师、工程技术专家和工程技术员这三类人员都制订了相应的职业能力要求。每一类要求都包括 13 项要素，每一项要素都是围绕某一种差异化特性来制订的，包括共同的主干性描述部分和不同的分层次描述部分。这与对毕业生素质的描述方法相似。

三类人员职业能力要求的主干性描述部分是相同的，而分层次描述部分则表明了不同人员类别之间的区别。在职业层面，通过对工程活动的分类来定义和区分不同的人员类别，工程活动被分为复杂的、广义的和狭义的。

(4)具体(学科)背景条件下的解读。

能力可能会体现在不同领域的实践和不同类型的工作当中。因此，对能力的描述是独立于学科之外的。能力描述适用于不同类型的工作，例如设计、研发、工程管理等工程活动全过程的各个环节中的问题分析、综合、实施、运作、评估、管理等。能力描述还包括一些与具体要求无关,但又是胜任工作所必需的个人素质:如交流沟通、品德操守、判断力、责任感和社会维护等。

职业能力的描述是一般概括性的,并且适用于所有的工程学科。在不同的监管体制、学科、行业或社会环境背景条件下,对职业能力的要求可能会有所侧重。在特定的背景条件下对其进行解读时,可能会放大或强调某些方面,但不能改变其实质内容,也不能忽略任何一个方面的因素。

(5)职业能力的应用——职业规划。

工程师、工程技术专家和工程技术员的毕业生素质和职业能力要求具有差别。本节不针对个人在不同职业类别间的流动作过多阐述,这个流动的过程通常会要求额外的教育、培训和工作经验。通过界定不同类别人员的需求程度、知识能力和所取得的成果,并查看所在行政辖区的教育和注册规定,人们可以对职业类别间的流动进行规划,对获得职业进一步发展所需的学习经历和工作经验作出估计判断。

2. 工程问题和工程活动的不同范畴

1)工程问题范畴

工程问题分为复杂工程问题、广义工程问题和狭义工程问题,不同工程问题范畴的属性对比如表3-8所示。

不同工程问题范畴的属性对比　　表3-8

属性	复杂工程问题	广义工程问题	狭义工程问题
知识深度	如不具备深厚的工程知识(以基本原理为基础的、体现基本原则的分析方法)则无法解决	如不具备应用先进技术的工程知识则无法解决	如不具备由理论知识所支撑的大量实践知识则无法解决
冲突范围	涉及广泛的,或相互冲突的技术、工程及其他因素	涉及许多能导致相互冲突的限制因素	涉及一些因素,但很少导致相互冲突

续上表

属性	复杂工程问题	广义工程问题	狭义工程问题
分析方法	没有明显的解决方法，需要通过抽象的、富有创造性的分析以建立合适的模型	可运用已被充分证明行之有效的分析技术以解决问题	可运用标准化方法以解决问题
熟悉程度	涉及不太常见的问题	属于比较常见的问题，可运用普遍接受的惯常方法解决问题	比较常见，对实践领域中的大多数从业者来说都很熟悉
适用准则	属于专业工程实践标准及准则涵盖范围之外的问题	可能部分属于实践标准及准则涵盖范围之外的问题	属于实践标准及准则涵盖范围之内的问题
利益相关者参与程度及其冲突程度	涉及多种不同的利益相关者群体，有非常多样的需求	涉及几种利益相关者群体，有不同的、偶尔冲突的需求	涉及有限的利益相关者群体，可能有不同需求
包含关系	属于高水平问题，包含许多组成部分或子问题	是复杂工程问题的一部分或其中的一个子问题	是工程问题中离散的组成部分
产生影响	在一系列背景环境下均产生重大影响	在局部产生重大影响，可能还会扩展	在局部产生重要影响，但不会有更多深远的影响
是否需要判断	在决策中需要判断	在决策中需要判断	—

2）工程活动范畴

工程活动分为复杂活动、广义活动和狭义活动，不同工程活动范畴的属性对比如表3-9所示。

不同工程活动范畴的属性对比[8]　　表3-9

属性	复杂活动	广义活动	狭义活动
资源范围	涉及多种多样的资源（包括人员、资金、设备、原材料、信息和技术）	涉及多种资源（包括人员、资金、设备、原材料、信息和技术）	涉及有限的资源（包括人员、资金、设备、原材料、信息和技术）
冲突范围	需要解决重大问题，这些问题是由于广泛的或相互冲突的技术、工程及其他因素相互影响而产生的	需要解决偶发的问题，这些问题是由技术、工程及其他因素相互影响而产生的，且很少是相互冲突的	需要解决一些问题，这些问题是由有限的技术和工程因素相互影响而产生的，对更广泛的问题几乎没有或只有很微小的影响

续上表

属性	复杂活动	广义活动	狭义活动
创新程度	需要以创新的方式运用工程原理和研究性知识	需要以非标准的方式运用新型材料、技术或流程	需要以改良过的或新的方式运用已有的材料、技术或流程
对社会和环境的影响	产生难以预计且难以缓解的重大影响	产生可预测的重大的局部影响，并具有拓展性	产生不广泛的、重大的局部影响
熟悉程度	需要采用基于原理的方法，超越已有的经验	需要具备常规性实施操作流程和程序方面的知识	需要具备广泛应用的实施操作流程和程序方面的实践性知识

3. 职业能力要求

为表现出个人具有在实践领域胜任工作的能力，其必须相应达到一名合格专业工程师/工程技术专家/工程技术员的标准[8]。

在评价个人能力是否达到总体标准时，必须考虑其在实践工作中每一项能力的表现程度，各项能力要求如表3-10所示。

不同工程技术人员职业能力要求的差异性描述 表3-10

职业能力	专业工程师	工程技术专家	工程技术员
对通用知识的理解和运用	能够理解和运用高级通用知识，为良好的工程实践提供基础	能够理解和运用知识，即掌握被广泛接受和应用的流程、程序、系统和方法	能够理解和运用知识，即从事标准化实践
对区域性知识的理解和运用	针对工程实施地具体的环境和管理条件，能够理解和运用高级通用知识，为良好的工程实践提供基础	针对工程实施地具体的环境和管理条件，能够理解和运用知识，即掌握特有的流程、程序、系统和方法	针对工程实施地具体的环境和管理条件，能够理解和运用知识，即从事特有的标准化实践
问题分析	能够研究和分析复杂问题	能够发现、区分和分析广义问题	能够发现、陈述和分析狭义问题
设计与开发解决方案	能够设计或开发解决复杂问题的方案	能够设计或开发解决广义问题的方案	能够设计或开发解决狭义问题的方案

续上表

职业能力	专业工程师	工程技术专家	工程技术员
评估	能够评估复杂活动的效果和影响	能够评估广义活动的效果和影响	能够评估狭义活动的效果和影响
社会维护	对于复杂活动合理可预见的社会、文化与环境影响有基本认识，能够考虑到持续发展的需要；能够将社会维护置于首要位置	对于广义活动合理可预见的社会、文化与环境影响有基本认识，能够考虑到持续发展的需要；在工程活动中负有避免危及公众的责任	对于狭义活动合理可预见的社会、文化与环境影响有基本认识，能够考虑到持续发展的需要；能够运用工程技术专长防止危害公众安全
法律法规	遵守法律法规要求，能够在工程实践中维护公共健康和安全	遵守法律法规要求，能够在工程实践中维护公共健康和安全	遵守法律法规要求，能够在工程实践中维护公共健康和安全
职业道德	在工作中遵守职业道德	在工作中遵守职业道德	在工作中遵守职业道德
工程管理	能够管理一个或多个复杂活动的部分或全部	能够管理一个或多个广义活动的部分或全部	能够管理一个或多个狭义活动的部分或全部
沟通	在工作中能与他人清晰明确地交流	在工作中能与他人清晰明确地交流	在工作中能与他人清晰明确地交流
终身学习	通过足够的"持续职业发展"活动，可以保持及拓展个人能力	通过足够的"持续职业发展"活动，可以保持及拓展个人能力	通过足够的"持续职业发展"活动，可以保持及拓展个人能力
判断能力	能够认识到问题的复杂性，根据相互矛盾的外部要求和并不完备的知识储备对备选方案进行评价；在复杂活动中表现出很强的判断力	能够选择适当的技术解决广义问题；在广义活动中表现出很强的判断力	能够选择和应用适当的技术和专业知识；在狭义活动中表现出很强的判断力
决策责任	对于复杂活动的部分或者全部能承担决策的责任	对于广义活动的部分或者全部能承担决策的责任	对于狭义活动的部分或者全部能承担决策的责任

二、交通运输工程师培养趋势的变化

1. 交通运输工程专业的学校设置情况

对目前国内培养交通运输工程师的学校按照设置本科专业、设置硕士点、博士点等情况梳理后可知，截至2016年12月，设置交通运输类本科专业的高校有150多所，只设置交通运输工程硕士点的学校约40所，同时设置交通运输工程博士/硕士点的学校有20多所，即设置硕士点的学校共有60多所。但是各高校的办学理念、师资配置、学生就业、继续深造等情况差异较大。以交通工程专业为例，全国设置该专业的学校共有127所，有的高校就业率并不理想，而有的高校继续深造率超过65%，且本科生就业率超过96%；高校师资配置也有较大差异，有的学校仅有9名教师，无1名教授，而有的高校如同济大学则配置96名教师，教授比例超过1/3，生师比约为12∶1[9]。

2. 交通运输行业发展对人才能力期望的变化

我国交通运输行业的快速发展对交通运输工程师的能力培养要求、本科生和硕士研究生的数量需求与综合素质要求正在悄然发生变化。自改革开放以来，我国各地区、各城市从20世纪80年代交通基础设施建设严重滞后，到此后30年交通基础设施、交通系统经历快速发展；2010年后，北京、上海、广州、深圳等一线城市的交通系统建设速度放缓，交通系统均由单一系统走向综合交通系统，由以交通基础设施建设为主走向建、管并重，由规划和建设部门独自为政走向规划—建设—运行—管理相互合作，由城市无序蔓延走向城市—交通可持续发展。同济大学在2014年对交通运输行业协会、企业、政府管理部门、设计院所、咨询研究院所调研发现，工程界对交通运输工程师的能力需求和期望在近10年已经开始逐步转变，从要求单一学科背景、专业技能熟练向多学科背景、综合思考方式转变。交通工程、交通运输教育虽然已为我国的交通建设发展解决了工程技术人才的基础供给问题，但面对日益激烈的新型工业竞争和“一带一路”“走出去”的要求，具有较强开创探索精神的工程精英人才还严重匮乏。

交通运输领域较大规模的省部级、市级单位都表示，在业务骨干中，硕士的比例达到65%以上，各单位招聘的硕士相较于学士更具研究能力、创新能力，成为精英人才的概率远高于学士。因此，提高交通运输工程领域专业学

位硕士研究生的教育质量，需要建立以行业接受程度为标准检验教育质量的教学理念。同时，为企业培养优秀职业人才，提升毕业生核心竞争力，也有利于其在相关领域获得国际认可，增强国际竞争力。

3. 交通运输行业单位招聘应届毕业生的需求分析

同济大学在2014年10月至2015年9月对交通运输行业省部级、市级企业和事业单位，包括设计院所、咨询研究院所、工程建设管理单位等进行了细致调研，下文将以定量数据分析为支撑，说明交通运输行业单位对于人才培养的需求。

1）调研和数据采集方法

（1）调研范围。

考虑到面向未来的工程师培养，在筛选拟调研的交通运输行业单位时，按照用人规模、单位属性、承接和正在研发、规划研发的交通运输项目、近5年计划招收应届毕业生人数5个角度，挑选省部级、市级企业和事业单位，涵盖设计院所、咨询研究院所、工程建设管理单位。其中，员工规模200人以上的单位占调研总数的2/3；同时，选择100人左右规模的单位作为比较，这类单位约占总数的1/3。交通运输行业员工规模200人以上的省部级、市级企业和事业单位承接引领未来交通发展的科研项目、创新开发、顶层设计类项目的概率较高，因此调研这类单位的需求有助于分析和辨识面向未来的交通运输工程师的培养要求。

（2）调研对象。

调研对象分为2类：①各单位负责人或人事部门负责到高校招生的工作人员；②各单位高级工程师，要求每个单位随机调研4～6名本科毕业于不同院校的高级工程师。

（3）调研问题。

调研问题分为3类：①交通运输行业单位近5年应届毕业生招收计划；②以本单位工程师发挥的作用为参考，对合格工程师的各项能力打分，每项能力的最高分为 100 分;③对本单位每年招收的应届本科生、硕士生的能力打分,每项能力的最高分为 100 分。

2)行业单位近五年的应届毕业生需求

2010—2014 年招收计划数据完整的 21 家规模 200 人以上及 100 人左右的省市级交通运输企事业单位对应届毕业生需求的汇总结果如表 3-11 所示。员工规模有差异的两类企业招收计划的趋势相同,即硕士生在招收计划中占比在 78% 以上,远高于本科生;本科生在招收计划中占比则在 18% 上下浮动。一方面,这与解决交通运输领域复杂工程问题要求专业人才具备的素质和能力应达到硕士学历需具备的素质和能力密切关联。另一方面,与各单位的人才梯队建设、人才金字塔型结构需求吻合,即交通运输行业对本科生仍然有一定需求,但是本科生在单位中承担的工作与硕士生有较大差异,本科生更多承担基础性工作,例如按照规范设计绘图、进行交通数据调查与分析等。

21 家省市级交通运输企事业单位 2010—2014 年招收计划汇总 表 3-11

年份	招收应届生总人数	本科生	硕士生	本科生比例	硕士生比例
2014	152	24	128	16%	84%
2013	119	26	93	22%	78%
2012	115	20	95	17%	83%
2011	122	20	102	16%	84%
2010	115	21	94	18%	82%

从各高校本科毕业生实际的就业选择来看,同济大学、东南大学、西南交通大学、北京交通大学等高校交通工程专业本科生毕业就业比例均不到 33%,67% 以上的本科生选择继续深造。由此可见,第一次进入劳动力市场的研究生比例不断增大已经成为事实,以硕士学位作为工程师执业的入门水准是工程教育发展的客观要求[10]。

3)行业单位招收应届工程硕士、工学学士的理由

调研行业单位招收工程硕士的理由发现,认为工程硕士综合素养较好的占

比 93%，专业能力较强的占比 89%，专业方向对口的占比 63%[11]，如图 3-2所示。

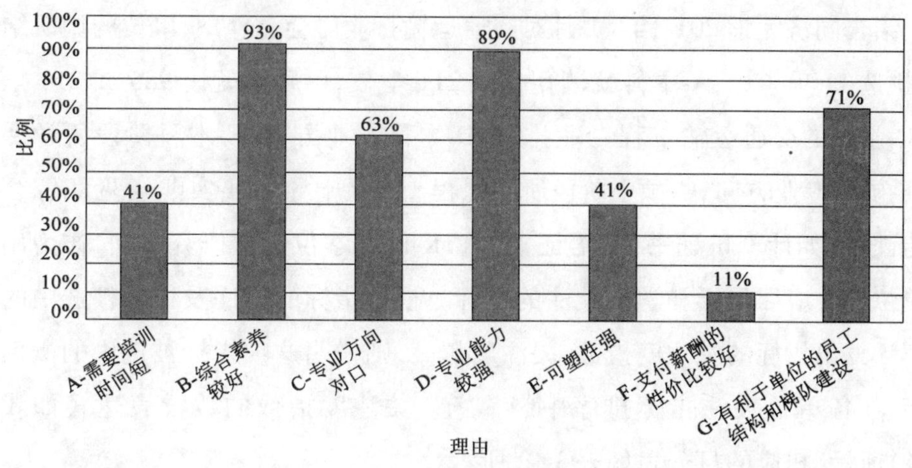

图 3-2　交通运输企业偏好招收工程硕士的理由

调研行业单位招收工学学士的理由发现，认为学士综合素养较好的占比 88%，可塑性强的占比 75%、有利于梯队建设的占比 67%、支付薪酬的性价比较好的占比 50%、专业方向对口的占比 50%[11]，如图 3-3 所示。可见，用人单位招收工程硕士和招收工学学士的理由有一定差异。

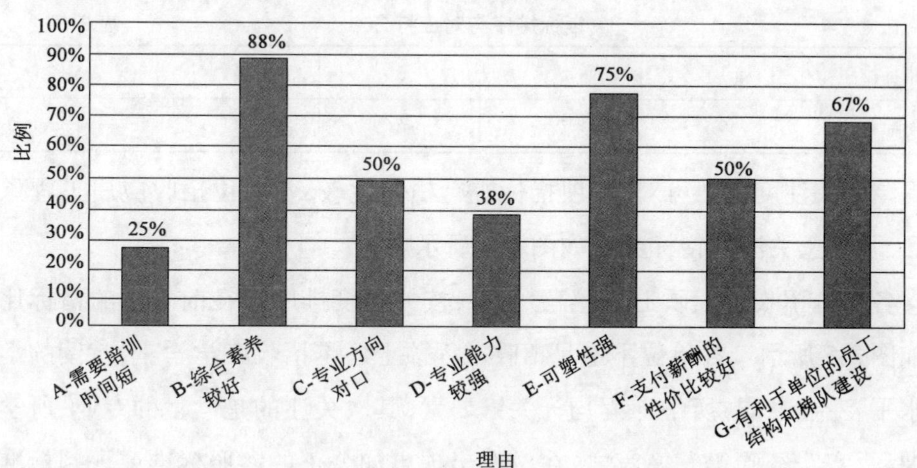

图 3-3　交通运输企业偏好招收工学学士的理由

4）行业单位招收应届工程硕士、工学学士关注的指标

结合同济大学2014年11月对交通运输行业协会、企事业单位的调研结果，挑选11项指标：A-本科就读985或211学校，B-硕士就读985或211学校，C-学校的交通运输工程专业排名，D-本科专业方向，E-本科阶段所学课程，F-硕士专业方向，G-硕士阶段所学课程 ，H-硕士导师，I-实践经验，J-综合技能证书（如计算机证书、英语证书等），K-硕士学位论文研究方向，作为用人单位招收应届硕士和学士关注的指标。根据指标的排序及指标被选中的概率计算出指标的关注度指数，关注度越高，则说明这项指标被选中的概率越高，在各单位关注指标排序中越靠前。关注度指数的数学表达式如式（3-1）所示，相应的打分表如表3-12所示。

$$P=\frac{\sum S_i}{n} \tag{3-1}$$

式中：P——某指标的关注度指数；

S_i——i 单位对该指标的打分；

n——单位总数。

指标排序与对应打分　　表3-12

指标排序	1	2	3	4	5
对应打分	9	7	5	3	1

结合关注度指数可对11项指标进行横向比较，各单位招收应届工程硕士、工学学士关注的指标分析如图3-4所示。

各单位招收工程硕士、工学学士时，按关注度排序排在前6位的指标比较如图3-5所示。各单位不论是招收工程硕士还是招收工学学士，就读的学校水平、专业方向、所学课程均为关键要素；其次关注的是学生的专业、所学的课程、实践经验等。换言之，在没有出现更加公正的参照标准或评判标准时，用人单位将就读985或211学校作为一道入职门槛。因此，若开展专业

学位硕士研究生工程教育认证，就读学校通过专业认证能否成为用人单位招收工程硕士的第二道入职门槛，值得深思。

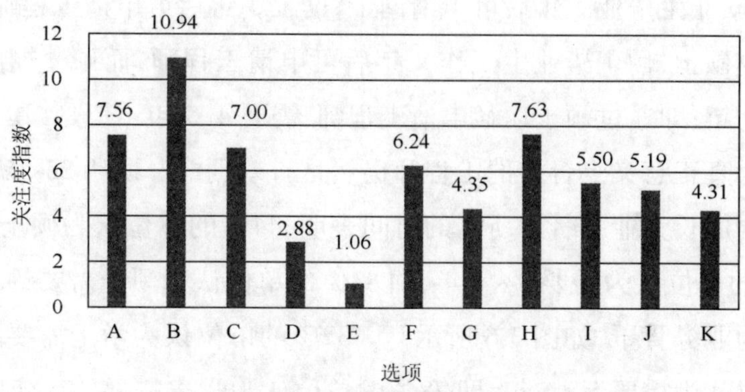

a)招收工程硕士时各指标的关注度指数

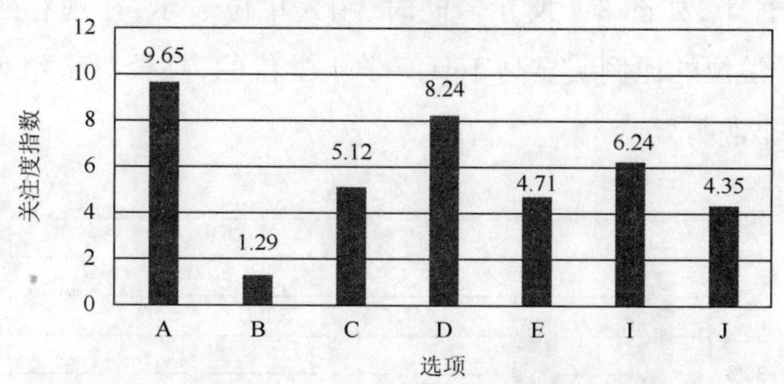

b)招收工学学士时各指标的关注度指数

图 3-4　各单位招收应届工程硕士、工学学士关注的指标分析

招收工程硕士时：	**招收工学学士时：**
本科就读985或211学校	**本科就读985或211学校**
硕士就读985或211学校	**本科专业方向**
硕士专业方向	**学校的交通运输工程专业排名**
硕士导师	**实践经验**
学校的交通运输工程专业排名	**本科阶段所学课程**
硕士阶段所学课程	**综合技能证书**

图 3-5　各单位招收应届工程硕士、工学学士时排在前 6 位的指标比较

4. 工程硕士、工学学士在行业单位的成长速度

从目前国内交通工程、交通运输工程专业本科毕业生申请工程师的流程来看，本科毕业生毕业 1 年后可申请助工，助工 3 年后可申请工程师；如果攻读工程专业硕士，硕士毕业生工作 2 年后可申请工程师，而硕士期间的学习时间为 2.5 年，即通过硕士途径申请工程师，需要 4.5 年。但是，具有工程师资格和成为真正意义上合格的工程师仍然是有差别的。调研 25 家单位应届硕士和学士成长为业务骨干所需的时间表明，44% 的单位认为硕士需要 2 ~ 3 年，38% 的单位认为需要 3 ~ 4 年，即 82% 的单位认为硕士需要约 3 年时间可以成长为业务骨干，如图 3-6 所示[4]。32% 的单位认为学士需要 4 ~ 5 年，45% 的单位认为需要 5 ~ 6 年，即 78% 的单位认为学士需要约 5 年时间可以成长为业务骨干，如图 3-7 所示。同时，用人单位表示，在现有的业务骨干中，具有硕士学位的比例明显高于具有学士学位的，高校对于精英工程师培养的必要性非常明显。

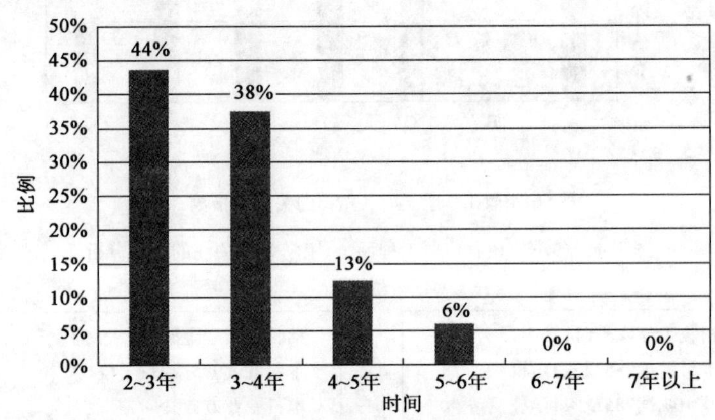

图 3-6　硕士成长为单位业务骨干的时间

因此，学生成长为工程师的两条路径如图 3-8 所示，本科毕业到成为工程师的时间约 5 年，硕士毕业到成为工程师的时间约 3 年，但两条路径的差异如果仅是时间的长短显然没有意义。我国属于发展中国家，必须看到以硕

士学位作为工程师执业的入门水准是工程教育发展的客观要求[11]。换言之,本科工程教育是重要的基础,能一定程度上适应当下我国的发展国情,但是考虑到未来的发展趋势和与国际接轨的迫切性,工程专业硕士、工学硕士的教育质量越来越重要。因此,必须思考:高校的硕士培养应发挥什么作用?本科与研究生的培养如何衔接?为了回答上述问题,必须先了解研究生、本科生在能力方面有何差异。

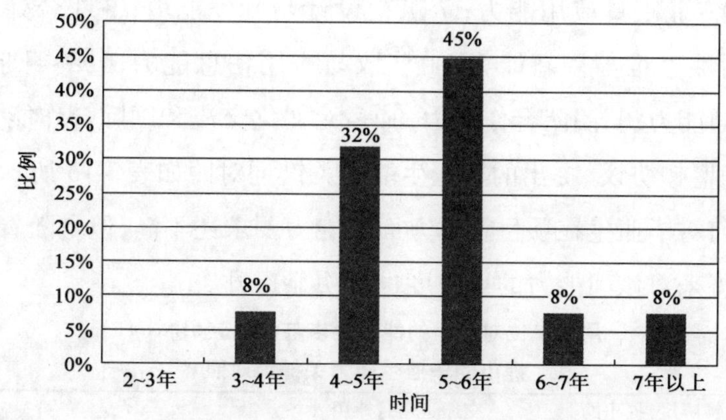

图 3-7　学士成长为单位业务骨干的时间

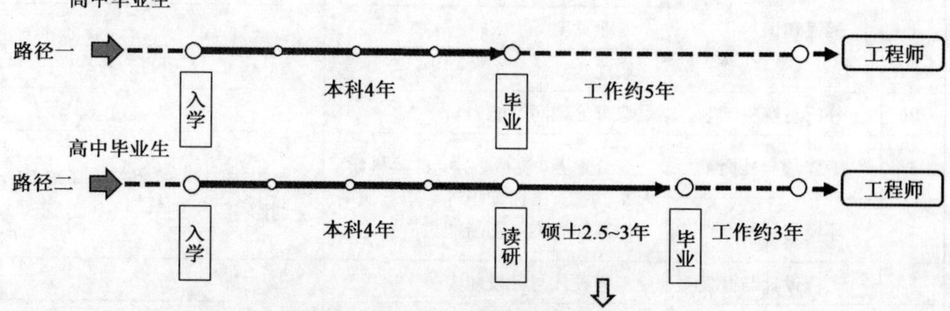

图 3-8　学生成长为工程师的两条路径

三、交通运输工程师的能力结构

为了确定交通运输工程师的能力结构,收集汇总国际工程联盟(International Engineering Alliance,简称 IEA)的《华盛顿协议》《悉尼协议》《都柏林协议》《国际职业工程师协议》《国际工程技术专家协议》和《亚太工程师认证协议》提出的毕业生职业能力[12,13]。经过分析,《华盛顿协议》提出的毕业生能力关键词与交通运输工程师的能力要求最接近,毕业生应具备能力的12 个关键词如表 3-13 所示。在走访调研各单位对硕士能力要求的基础上,将交通运输行业合格工程师的期望能力分为 14 项,分别是:①专业深度;②专业宽度;③城规、经济、管理等知识;④综合素养;⑤工程职业伦理与社会责任感;⑥专业工具应用能力;⑦工程设计与开发能力;⑧综合处理问题能力;⑨批判性思维与创新能力;⑩获取与应用信息能力;⑪终身学习能力;⑫交流沟通能力;⑬团队合作能力;⑭多元文化交流和国际合作能力。14 项能力与《华盛顿协议》提出的毕业生能力关键词对照如表 3-13 所示。交通运输行业目前对毕业生在项目管理方面的能力要求还不高,但是随着行业的发展、变化,将来对该项能力的重视度也会明显提升。

用人单位对硕士的能力要求与《华盛顿协议》提出的毕业生能力关键词对照 表 3-13

编号	《华盛顿协议》提出的毕业生能力关键词	交通运输行业用人单位对硕士的能力要求	属性说明
1	工程知识	专业深度	
		专业宽度	
		城规、经济、管理等知识	
2	分析与解决问题	综合处理问题能力	
3	工程师与社会	综合素养(包括数学、自然科学、人文、生态、法律知识等)	懂得工程问题对全球环境和社会的影响
4	环境与可持续性	批判性思维与创新能力	
5	工程设计与开发	工程设计与开发能力	
6	调研	获取与应用信息能力	
7	现代工具的应用	专业工具应用能力	包括绘图能力等
8	职业道德	工程职业伦理与社会责任感	
9	独立工作与团队工作	团队合作能力	
		多元文化交流和国际合作能力	

续上表

编号	《华盛顿协议》提出的毕业生能力关键词	交通运输行业用人单位对硕士的能力要求	属性说明
10	沟通与交流	交流沟通能力	
11	终身学习	终身学习能力	
12	项目管理与财务		理解工程项目管理和经济决策知识，具有在多学科环境下管理项目的能力

随机抽取25家单位的85位高级工程师，对交通运输行业的合格工程师、应届工程硕士、工学学士的期望能力评分，以此分析各单位对工程师、工程硕士、工学学士期望能力的差异，以及应届工程硕士、工学学士应具备的职业发展能力结构。

表3-14为交通运输工程师期望能力得分情况，根据85位高工的评分结果，列出每项能力最高分、最低分和平均分[11]。最高分和最低分差值越小，说明各单位高工对该项能力的共识度越高；平均分越高，推断该项能力为必备能力。按照这样的逻辑，可对工程师期望能力进行归类和排序：第一类包括工程职业道德与社会责任感、团队合作能力、交流沟通能力，共3项；第二类包括综合处理问题能力、终身学习能力、专业深度、专业工具应用能力、获取与应用信息能力、专业宽度，共6项；第三类包括工程设计与开发能力、批判性思维与创新能力，共2项；第四类包括城规、经济、管理等知识，多元文化交流和国际合作能力，综合素养，共3项，这3项能力的得分差值明显高于其他分项指标，期望能力平均分明显低于其他分项指标。

交通运输工程师期望能力得分分析　　表3-14

工程师能力分项	工程师期望能力得分			
	最高分	最低分	差值	平均分
工程职业伦理与社会责任感	100	70	30	89
团队合作能力	100	70	30	88
交流沟通能力	100	70	30	88

续上表

工程师能力分项	工程师期望能力得分			
	最高分	最低分	差值	平均分
综合处理问题能力	100	60	40	87
终身学习能力	100	60	40	87
专业深度	100	60	40	86
专业工具应用能力	100	60	40	86
获取与应用信息能力	100	60	40	85
专业宽度	100	60	40	84
工程设计与开发能力	100	60	40	84
批判性思维与创新能力	100	60	40	84
城规、经济、管理等知识	100	50	50	79
多元文化交流和国际合作工作能力	100	40	60	79
综合素养(包括数学、自然科学、人文、生态、法律知识等)	100	40	60	77

英国工程教育认证遵循的学生学习产出标准分为一般学习产出和特殊学习产出[14]。一般学习产出包括“知识和理解”“智力能力”“实践技能”和“通用的可转移技能”。可转移技能包括解决问题、交流和与他人一起工作，以及有效利用通用的IT设备和信息检索的技能,还包括作为终身学习基础的自学能力和表现改进。特殊学习产出包括“对相关工程学会定义的支撑性科学和数学,以及相关的工程学科的理解”“工程分析”“设计”“对经济、社会和环境背景的理解”和“工程实践”。

参考以上英国工程教育认证的学生学习产出大类标准,进一步分析表3-14,按照关联性、得分进行归并,形成由五大要素构成的交通运输工程师能力结构——职业道德、合作与交流能力、知识、专业技能和实践技能、智力(或素质),如表3-15所示[8]。

交通运输工程师能力结构　　表 3-15

能　　力	控 制 指 标
职业道德	工程职业伦理与社会责任感
合作与交流能力	团队合作能力(含国际合作) 交流沟通能力
知识	支撑交通运输工程的数学、自然科学、人文、生态、法律知识等 专业深度 专业宽度 城规、经济、管理等知识
专业技能和实践技能	专业工具应用能力 综合处理问题能力 获取与应用信息能力 工程设计与开发能力
智力(或素质)	终身学习能力 批判性思维与创新能力

四、硕士研究生与本科生能力培养的差异

参考风玫瑰图示意方法,做出如图 3-9 所示的工程师、应届工程硕士和工学学士各项期望能力评分玫瑰图。最外圈虚线为满分 100 分,工程师、应届工程硕士和工学学士的期望能力得分线依次向内。可见,硕士期望能力与工程师期望能力的得分差距较小,说明用人单位对硕士能力期望较高[15]。

在此基础上,采用更加严谨的定量分析方法,即通过各单位的高级工程师对合格工程师、应届硕士、学士期望能力得分的统计分析,确定交通运输工程专业硕士、工学学士毕业生能力培养的关注度是否应有差别。具体分析步骤如下:

(1)首先确定工程师能力的合理分数范围,方法是:将所有高工对工程师某项期望能力的打分由高到低排列,85% 分位线对应的分值至 100 分这个区间就是工程师期望能力的合理分数范围。

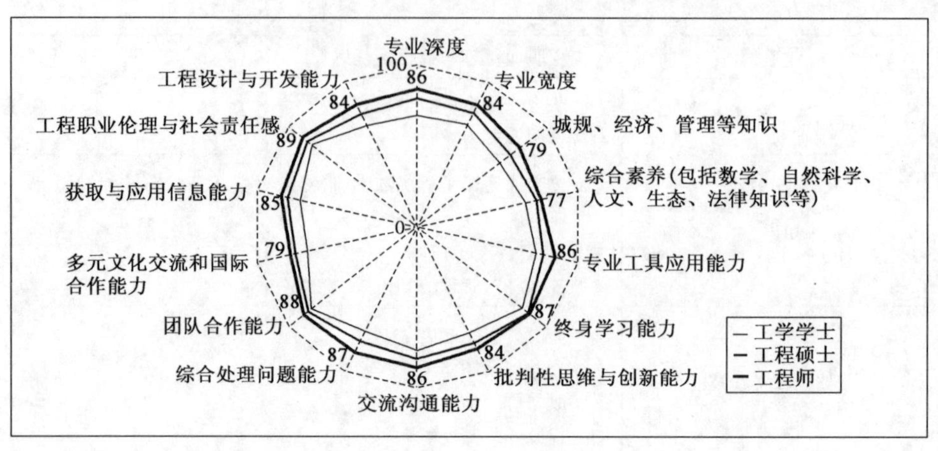

图3-9 工程师、应届工程硕士和工学学士期望能力得分分析

(2)寻找应届硕士、学士能力培养的短板项,方法是:计算高工给应届硕士、学士各项能力打分值含在工程师期望能力合理分数范围的比例,并以最高比例与最低比例的平均值为判断标准,若某项能力的高工打分含在工程师期望能力合理分数范围的比例低于平均值,则该项为能力培养短板项。

(3)能力培养关注度分为两类:首要关注和加强关注。工程师各项能力的合理分数范围如表3-16所示,高工对应届硕士的各项能力打分后,打分含在工程师期望能力合理分数范围的比例最高为91.8%,最低为60%,平均值为75.9%。因此,低于75.9%的能力项为高校培养的短板项,用灰色标注,是高校需要首要关注的,其余项为需要加强关注的(表3-17)。

应届学士能力项的高工打分含在工程师期望能力合理分数范围的比例最高为76.9%,最低为29.5%,平均值为53.2%。因此,低于53.2%的能力项为高校培养的短板项,用灰色标注,需要首要关注,其余项需要加强关注(表3-17)。考虑到《华盛顿协议》的毕业生能力中含有“项目管理与财务”这一关键词,因此将这项暂时被用人单位忽视的能力也作为学生培养加强关注项。

高工对应届硕士、学士期望能力打分汇总情况[13]　　表 3-16

能力项	工程师能力合理分数范围		高工打分含在工程师能力合理分数范围的比例(%)		学士到硕士比例提高幅度(%)
	最大值	85%分位值	应届硕士	应届学士	
专业深度	100	76.9	64.7	29.5	35.2
专业宽度	100	70.9	72.9	46.2	26.7
城规、经济、管理等知识	100	61.7	77.6	51.3	26.3
综合素养(数学、自然科学、人文、生态、法律知识等)	100	58.9	91.8	84.6	7.2
专业工具应用能力	100	75.3	60.0	50.6	9.4
终身学习能力	100	76.6	89.4	71.8	17.6
批判性思维与创新能力	100	75.0	71.8	47.4	24.4
交流沟通能力	100	77.0	75.3	64.1	11.2
综合处理问题能力	100	75.9	67.1	41.0	26.1
团队合作能力	100	76.3	84.7	76.9	7.8
多元文化交流和国际合作能力	100	65.4	88.2	57.7	30.5
获取与应用信息能力	100	75.6	76.5	43.6	32.9
工程职业伦理与社会责任感	100	77.6	81.2	71.8	9.4
工程设计与开发能力	100	74.0	70.6	43.6	27.0

学生能力培养关注度分类　　表 3-17

编号	《华盛顿协议》提出的毕业生能力关键词	交通运输行业用人单位对硕士的能力要求	硕士培养关注度	学士培养关注度
1	工程知识	专业深度	首要关注	首要关注
		专业宽度	首要关注	首要关注
		城规、经济、管理等知识	加强关注	首要关注

续上表

<table>
<tr><th>编号</th><th>《华盛顿协议》提出的毕业生能力关键词</th><th>交通运输行业用人单位对硕士的能力要求</th><th>硕士培养关注度</th><th>学士培养关注度</th></tr>
<tr><td>2</td><td>分析与解决问题</td><td>综合处理问题能力</td><td>首要关注</td><td>首要关注</td></tr>
<tr><td>3</td><td>工程师与社会</td><td rowspan="2">综合素养(数学、自然科学、人文、生态、法律知识等)
批判性思维与创新能力</td><td rowspan="2">首要关注</td><td rowspan="2">首要关注</td></tr>
<tr><td>4</td><td>环境与可持续性</td></tr>
<tr><td>5</td><td>工程设计与开发</td><td>工程设计与开发能力</td><td>首要关注</td><td>首要关注</td></tr>
<tr><td>6</td><td>调研</td><td>获取与应用信息能力</td><td>加强关注</td><td>首要关注</td></tr>
<tr><td>7</td><td>现代工具的应用</td><td>专业工具应用能力</td><td>首要关注</td><td>首要关注</td></tr>
<tr><td>8</td><td>职业道德</td><td>工程职业伦理与社会责任感</td><td>加强关注</td><td>加强关注</td></tr>
<tr><td rowspan="2">9</td><td rowspan="2">独立工作与团队工作</td><td>团队合作能力</td><td>加强关注</td><td>加强关注</td></tr>
<tr><td>多元文化交流和国际合作能力</td><td>加强关注</td><td>加强关注</td></tr>
<tr><td>10</td><td>沟通与交流</td><td>交流沟通能力</td><td>加强关注</td><td>加强关注</td></tr>
<tr><td>11</td><td>终身学习</td><td>终身学习能力</td><td>加强关注</td><td>加强关注</td></tr>
<tr><td>12</td><td>项目管理与财务</td><td>项目管理能力</td><td>加强关注</td><td>加强关注</td></tr>
</table>

五、硕士研究生与本科生认证标准毕业要求的描述差异

硕士层次的认证标准在深度和宽度上都较本科生有更高的要求,且更注重实践能力、应用能力和研究能力的培养;同时,借鉴英国的培养标准,研究生的培养应注重专业的深度、广度和先进性。因此,在目前中国工程教育专业认证协会给出的本科生12项毕业要求[10]基础上,建议专业学位硕士研究生教育认证毕业要求能力标准增加对创新能力的要求;将本科生的"研究能力"对应至"工程问题分析""实验的设计、实施及分析""创新"3项能力标准;将"环境和可持续发展"并入"工程与社会";提高"工程知识""工程问题分析""实验的设计、实施及分析""工程的设计与开发""工程与社会""终身学习"6项能力标准,如图3-10和表3-18所示。表3-18用黑体字突出显示了硕士研究生培养能力标准与本科生的区别。

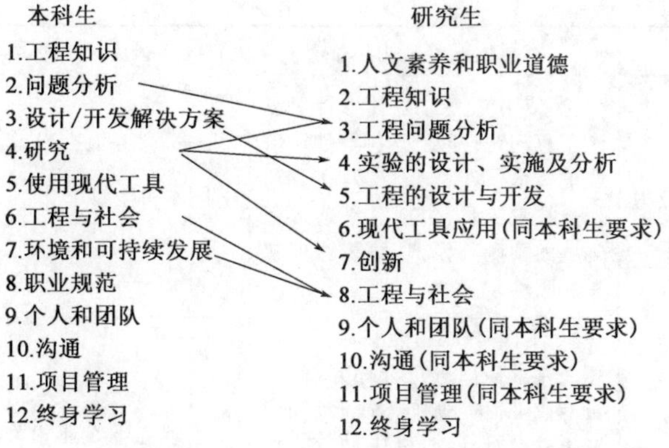

本科生

1.工程知识
2.问题分析
3.设计/开发解决方案
4.研究
5.使用现代工具
6.工程与社会
7.环境和可持续发展
8.职业规范
9.个人和团队
10.沟通
11.项目管理
12.终身学习

研究生

1.人文素养和职业道德
2.工程知识
3.工程问题分析
4.实验的设计、实施及分析
5.工程的设计与开发
6.现代工具应用(同本科生要求)
7.创新
8.工程与社会
9.个人和团队(同本科生要求)
10.沟通(同本科生要求)
11.项目管理(同本科生要求)
12.终身学习

图 3-10　本科生能力标准与建议的硕士研究生能力标准对照

本科生与硕士研究生培养能力标准对比　　表 3-18

编号	关键词	本科生培养能力标准	硕士研究生培养能力标准
1	工程知识	A1 工程知识:能够将数学、自然科学、工程基础和专业知识用于解决复杂工程问题	具有工程相关的数学、自然科学、专业知识的学习与**综合理解**能力及在复杂工程中运用的能力
2	工程问题分析	A2 问题分析:能够应用数学、自然科学和工程科学的基本原理,识别、表达并通过文献研究分析复杂工程问题,以获得有效结论	具有综合应用工程原理分析复杂工程问题,并**理解其局限性**的能力,**批判性**地获得有效结论
3	工程的设计与开发	A3 设计/开发解决方案:能够设计针对复杂工程问题的解决方案,设计满足特定需求的系统、单元(部件)或工艺流程,并能够在设计环节中体现**创新意识**,考虑社会、健康、安全、法律、文化及环境等因素	能够综合运用工程知识和专业理论,针对复杂工程问题独立设计有效的解决方案
4	创新		熟悉本专业前沿、现状和发展趋势。具有提取和评估相关数据,并运用工程分析技术**求解不熟悉问题**的能力,或具有使用基础知识**研究新技术**的能力
5	实验的设计、实施及分析	A4 研究:能够基于科学原理并采用科学方法对复杂工程问题进行研究,包括设计实验、分析与解释数据,并通过信息综合得到合理有效的结论	能够针对具体工程问题,**独立设计和实施工程实验**,并科学地分析和处理数据,得出可验证的实验结论;能够独立设计实验方案并组织实施工程实验;具有整理、分析、评估实验数据的能力,并能科学进行数据分析;能够提出可验证的实验结论,并能**识别实验与工程的差异,正确评估实验结论的信度和适用范围**

续上表

编号	关键词	本科生培养能力标准	硕士研究生培养能力标准
6	现代工具的应用	A5 使用现代工具:能够针对复杂工程问题,开发、选择与使用恰当的技术、资源、现代工程工具和信息技术工具,包括对复杂工程问题的预测与模拟,并能够理解其局限性	同本科生要求
7	工程与社会	A6 工程与社会:能够基于工程相关背景知识进行合理分析,评价专业工程实践和复杂工程问题解决方案对社会、健康、安全、法律及文化的影响,并理解应承担的责任 A7 环境和可持续发展:能够理解和评价针对复杂工程问题的专业工程实践对环境、社会可持续发展的影响	了解与本专业相关的职业和行业的生产、设计、研究与开发、环境保护和可持续发展等方面的方针、政策和法律、法规,能正确认识工程对经济、环境、健康、安全、可持续发展、法律及文化的影响,并理解应承担的责任
8	人文素养和职业道德	A8 职业规范:具有人文社会科学素养、社会责任感,能够在工程实践中理解并遵守工程职业道德和规范,履行责任	具有人文社会科学素养,对当今社会问题具有一定认识,有社会责任感,具备工程职业道德,遵守学术规范
9	个人和团队	A9 个人和团队:能够在多学科背景下的团队中承担个体、团队成员及负责人的角色	同本科生要求
10	沟通	A10 沟通:能够就复杂工程问题与业界同行及社会公众进行有效沟通和交流,包括撰写报告和设计文稿、陈述发言、清晰表达或回应指令,并具备一定的国际视野,能够在跨文化背景下进行沟通和交流	同本科生要求
11	项目管理	A11 项目管理:理解并掌握工程管理原理与经济决策方法,并能在多学科环境中应用	同本科生要求
12	终身学习	A12 终身学习:具有自主学习和终身学习的意识,具有不断学习和适应发展的能力	具有自主学习和终身学习的意识和技能,具有不断学习和适应发展的能力

以上12项能力要求较为完整地体现了国际工业界和工程教育界对工程硕士的知识、能力和综合素质的要求,包括6项解决工程实际问题的“硬技能”和6项工程创新必备的“软技能”。其中第1～6项“硬技能”与EUR-ACE认证标准中的“知识和理解”“工程分析”“设计”“实践技能”相当,第7～12项“软技能”相当于“可转移技能”。本标准可与我国本科层次工程教育认证标准和EC2000的相关标准相对应。

第四节　交通运输工程领域专业学位硕士研究生工程教育认证标准(试行)

交通运输工程领域专业学位硕士研究生工程教育认证标准包含7个部分:1)学生;2)培养目标;3)毕业要求;4)持续改进;5)培养环节;6)师资队伍;7)支持条件[16]。

1)学生

(1)具有吸引优秀生源的制度和措施。

(2)具有完善的学生学习指导、职业规划、就业/创业指导、心理辅导等方面的措施并能够很好地执行落实。

(3)专业必须对学生在整个学习过程中的表现进行跟踪与评估,以保证学生毕业时达到毕业要求,毕业后具有社会适应能力与就业竞争力,进而达到培养要求;并通过进程式评价的过程与效果的记录,证明学生能力的达成。

(4)如果专业培养中有国际交换学生的培养环节,应提供明确的国际交流学生的学分认定规定和相应认定过程。如果没有该培养环节,则不需要提供。

2)培养目标

(1)有公开的、符合学校定位的、适应社会经济发展需要的交通运输工程领域工程专业学位硕士研究生培养目标。

(2)培养目标应包括学生毕业时的要求,还应能反映学生毕业后2~3年在社会与专业领域预期能取得的成就。

(3)定期评价培养目标的合理性,并根据评价结果对培养目标进行修订,评价与修订过程有行业或企业专家参与。

3)毕业要求

最低学制要求为2年。专业必须有明确、公开的毕业要求,毕业要求应能支撑培养目标的达成。专业应通过评价证明毕业要求的达成。专业制订

的毕业要求应完全覆盖以下内容。

(1)人文素养和职业道德:具有人文社会科学素养,对当今社会问题具有一定认识,有社会责任感,具备工程职业道德,遵守学术规范。

(2)工程知识:具有工程相关的数学、自然科学、专业知识的学习与综合理解能力及在复杂工程问题中运用的能力。

(3)工程问题分析:具有综合应用工程原理分析复杂工程问题,并理解其局限性的能力,批判性地获得有效结论。

(4)实验的设计、实施及分析:能够针对具体工程问题,独立设计和实施工程实验,并科学地分析和处理数据,得出可验证的实验结论。

(5)工程设计与开发:能够综合运用工程知识和专业理论,针对复杂工程问题独立设计有效的解决方案。

(6)现代工具应用:能够针对复杂工程问题,开发、选择与使用恰当的技术、资源、现代工程工具和信息技术工具,包括对复杂工程问题的预测与模拟,并能够理解其局限性。(同本科生要求)

(7)创新:熟悉本专业前沿、现状和发展趋势。具有提取和评估相关数据,并运用工程分析技术求解不熟悉问题的能力,或具有使用基础知识研究新技术的能力。

(8)工程与社会:了解与本专业相关的职业和行业的生产、设计、研究与开发、环境保护和可持续发展等方面的方针、政策和法律、法规,能正确认识工程对经济、环境、健康、安全、可持续发展、法律及文化的影响,并理解应承担的责任。

(9)个人和团队:能够在多学科背景下的团队中承担个体、团队成员及负责人的角色。(同本科生要求)

(10)沟通:能够就复杂工程问题与业界同行及社会公众进行有效沟通和交流,包括撰写报告和设计文稿、陈述发言、清晰表达或回应指令,并具备

一定的国际视野，能够在跨文化背景下进行沟通和交流。（同本科生要求）

(11)项目管理：理解并掌握工程管理原理与经济决策方法，并能在多学科环境中应用。（同本科生要求）

(12)终身学习：具有自主学习和终身学习的意识和技能，具有不断学习和适应发展的能力。

4)持续改进

(1)建立教学过程质量监控机制。各主要教学环节有明确的质量要求，通过教学环节、过程监控和质量评价，促进毕业要求的达成；定期进行课程体系设置和教学质量的评价。

(2)建立毕业生跟踪反馈机制，以及有高等教育系统以外有关各方参与的社会评价机制，对培养目标是否达成进行定期评价。

(3)能证明评价的结果被用于专业的持续改进。

5)培养环节

培养环节包括课程、实践环节、学位论文。培养环节应能支持毕业要求的达成，培养环节设计有企业或行业专家参与。

(1)课程要求：

课程由学校根据自身的办学特色自主设置，本标准只对交通运输工程领域的课程应包含的知识领域提出要求。课程至少应包括以下3类：

①人文社会科学类通识教育课程。使学生在从事工程设计时能够考虑经济、环境、法律、伦理等各种制约因素。

②与本专业毕业要求相适应的数学与自然科学类课程。

③符合本专业毕业要求的工程基础类课程、专业基础类课程与专业类课程。根据各校交通运输工程的具体研究方向及行业需求，工程基础类课程在数学、力学、计算机、自动控制等方面可有所侧重，自主设置；专业基础类课程可在交通运输工程、载运设备、经济等方面有所侧重，自主设置。

上述各类课程之外，可设置专业补充课程，以强化学生的个性发展。

(2)实践环节要求:

设置完善的实践教学体系,可在校内、校外实习基地通过开展实习、实训,培养实践能力。

校内、校外实习基地应具有明确的实践教学目的和任务,实习的场地、设施、教辅人员能够满足人才培养的需要。实习基地参与教学活动的人员对实践教学目标与要求有足够的理解。

对于全日制工程硕士研究生,根据交通运输工程领域特点到相关行业、企业、政府部门从事实习/实践活动,可采取集中实践与分段实践相结合的方式,时间不少于3个月。实践结束,研究生必须撰写实践报告,完成考核。

对于非全日制工程硕士研究生,根据研究生所在单位的需求,结合学位论文选题,在实际项目基础上,深化工程技术或工程管理的研究,实践环节的成果能直接服务于所在单位的生产。

(3)学位论文要求:

学位论文选题要结合本专业的工程实际问题,培养研究生的工程意识、协作精神及综合应用所学知识解决实际问题的能力和独立研究能力。研究生在导师指导下独立完成学位论文。学位论文工作时间累计不少于1年。学位论文具体环节包括:开题报告、中期考核、评阅及答辩。学位论文的开题、答辩环节要求参照交通运输工程领域工程硕士专业学位标准,各培养单位根据实际情况选择合适的管理模式。

6)师资队伍

(1)教师数量能满足研究生培养需要,结构合理,有企业或行业专家作为兼职教师参与实践教学。

(2)教师应具有足够的教学能力和沟通能力。专业教师还应具有专业水平、工程经验、职业发展能力且能够开展工程实践问题研究,参与学术交流。

(3)导师有足够时间和精力投入到研究生指导中,导师应有明确的科研方向和科研工作实践经历，并积极参与教学研究与改革。

(4)教师为学生提供指导、咨询、服务，并对学生职业生涯规划、职业从业教育有足够的指导。

(5)教师明确其在教学质量提升过程中的责任，不断改进工作。

7)支持条件

(1)实验室及设备、教室、研究生工作室在数量和功能上满足研究生培养需要。有良好的管理、维护和更新机制，使学生能够方便地使用。与企业合作共建实习和实训基地，相对稳定的实习和实训基地建设年限宜在3年以上，在教学过程中为学生提供参与工程实践的平台。

(2)计算机、网络及图书资料资源能够满足学生的学习及教师的日常教学和科研所需。资源管理规范，共享程度高。

(3)学校能够有效地支持教师队伍建设，吸引与稳定合格的教师，并支持教师本身的专业发展，包括对青年教师的指导和培养。

(4)学校的教学管理与服务规范，能有效地支持专业毕业要求的达成。

本章参考文献

[1] 中南大学专业学位研究生培养方案(交通运输工程),2013.

[2] 东南大学全日制专业学位硕士研究生培养方案(交通运输工程),2013.

[3] 北京交通大学交通运输工程领域工程硕士培养方案(全日制),2011.

[4] 同济大学交通运输工程全日制专业学位硕士培养方案,2014.

[5] 西南交通大学交通运输规划与管理二级学科研究生培养方案,2014.

[6] 中国工程教育专业认证协会网站. http://www. ceeaa. org. cn/main! mainPage. w.

[7] 吴娇蓉,王玮,黄雨,等.考虑工程硕士培养差异性的专业认证通用标准要素分析——以交通工程领域全日制专业硕士培养为例[J].教育教学论坛,2016(39):58-61.

[8] 中国工程教育专业认证协会秘书处.国际工程联盟毕业生素质及职业能力(缩略版),2016.

[9] 教育部普通高等学校交通工程教学指导分委员会.全国交通工程专业教育教学改革热点难点问题调查资料汇编,2014.

[10] 孔寒冰,叶民,王沛民.国外工程教育发展的几个典型特征[J].高等工程教育研究,2004(4):57-61.

[11] 同济大学交通运输工程学院.交通运输工程专业用人单位调查分析报告,2015.

[12] 李志义.适应认证要求推进工程教育教学改革[J].中国大学教学,2014(6).

[13] International Engineering Alliance. Graduate Attributes and Professional Competencies[EB/OL].[2013-06-21] http://www. ieagreements. org/about-us/key-documents/.

[14] 郑娟,王孙禺.英国硕士层次工程教育专业认证制度探讨[J].高等工程教育研究,2015(1):83-90.

[15] 吴娇蓉,李淑明,叶霞飞.基于职业发展能力的交通运输工程师培养要求分析[C].第八届全国工科研究生教育会议论文集,2015:90-98.

第四章

交通运输工程领域硕士研究生工程教育认证组织架构设计与实践

第一节　国内外认证机构的组织架构

一、认证机构的特征

认证机构通常具有社会性、权威性、独立性、常设性特征，具体描述如下。

社会性：一般由行业协会、工程师协会协商委派工程界、教育界等领域的专家组成，有官方组织形式和非政府组织形式两种，目前，《华盛顿协议》仅认可后者。

权威性：其认证活动得到政府或相应教育管理机构授权。

独立性：具有自己的章程、运行制度和机构，通常包括决策、工作、审查委员会等，不依赖、不挂靠特定的学校。

常设性：有常年运行的工作机制、相对稳定的视察专家队伍等。

二、认证机构的成立方式

认证机构的成立方式主要有两种：

(1)根据自然沿袭授权或者法律条款成立认证组织，如英国工程委员会

(简称 ECUK),这是一家皇家特许的权力机构,不但负责管理英国工程界,还在国际上代表英国工程师的利益。ECUK 的任务主要包括两个方面:一是为工程师和其他工程技术人员提供注册;二是对英国工程教育专业进行专业认证。ECUK 对工程界的管理是通过 35 个工程学会来实现的,它对合乎条件的工程学会授予许可证。

(2)授权政府部门或者独立第三方机构行使认证职能,如美国工程与技术认证委员会(简称 ABET),德国工程、信息科学、自然科学和数学专业认证大会(简称ASSIN),日本技术者教育认证机构(简称 JABEE)等,具体组织架构如图 4-1 所示。认证组织机构的最高领导机构通常为董事会或理事会,在董事会或理事会下设各专业委员会和办公室,具体分门别类的认证工作由各专业委员会负责。

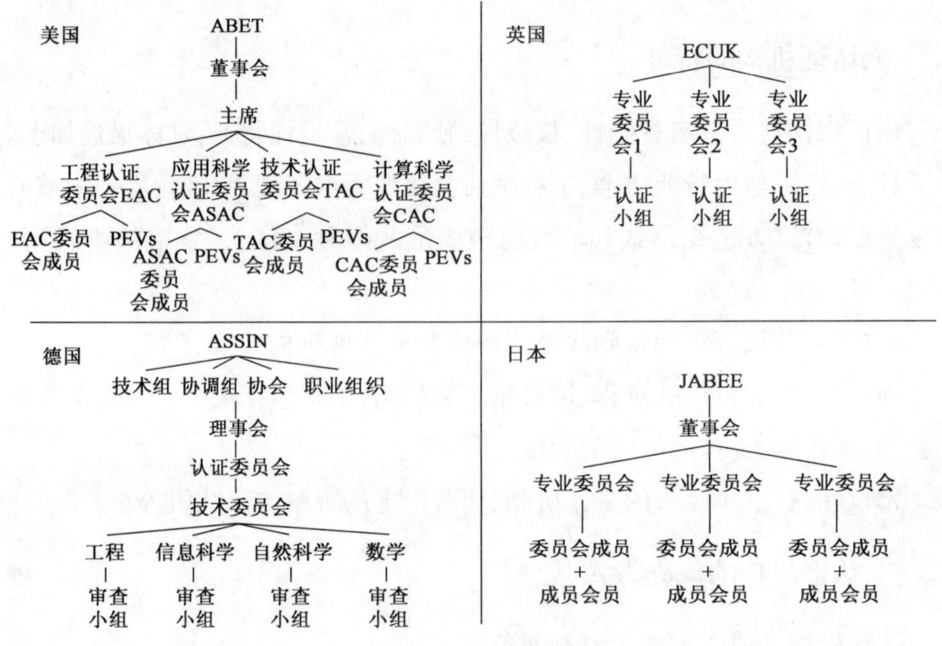

图 4-1 国外教育认证机构的组织架构

认证组织机构成员构成如表 4-1 所示。英国工程委员会（ECUK）通过 35 个经许可的工程机构管理英国职业工程师并负责专业认证工作。美国工程与技术认证委员会（ABET）由 28 个职业和技术学会组成。德国工程、信息科学、自然科学和数学专业认证大会（ASSIN）由来自工业、院校和科技组织的 1000 名专家组成。法国工程师衔接委员会（CTI）由工程教育、行业企业的 32 名委员组成。

国外认证组织机构成员构成　　表 4-1

国家	认证机构	成员构成
英国	英国工程委员会	通过 35 个经许可的工程机构管理英国职业工程师并负责专业认证工作，高等教育专业认证委员会除学术人员之外，还需有相当大比例的工程师、技术专家和技术员，通常参加认证的专家 1/3 来自大学，1/3 来自研究设计部门，1/3 来自产业部门
美国	美国工程与技术认证委员会	由 28 个职业和技术学会组成，董事会成员主要来自 ABET 所服务的工业界，学术界和工业界的人员构成了 ABET 的专业认证委员会、董事会、4 个认证分委员会主体
德国	德国工程、信息科学、自然科学和数学专业认证大会	由来自工业、院校和科技组织的 1000 名专家组成，技术委员会、相关大学/应用科学大学和工业联合会的代表各占认证委员会成员的 1/3
法国	法国工程师衔接委员会	32 名委员分为三组，由工程教育委员、行业企业委员组成，第一组：16 名委员来自高校，第二组：8 名委员来自代表性企业雇主单位，第三组：8 名委员来自职业协会和工程师组织

三、我国工程教育专业认证协会组织架构

中国工程教育专业认证协会（CEEAA）成立于 2015 年 10 月，是由工程教育相关的机构和个人组成的全国性社会团体，主要负责我国工程教育认证工作的组织实施，由教育部主管，是中国科协的团体会员。协会目前有 33 个团体会员和部分个人会员，是全国性行业组织参与的非政府、非营利性第三

方组织[1]。团体会员覆盖各主要工程领域的全国性行业协会和专业学会，个人会员包括来自教育部、人社部、住建部、中国科协、中国工程院的相关领导，以及部分高等学校、行业机构和企业的领导和专家。

中国工程教育专业认证协会是我国开展工程教育认证工作的唯一合法组织。认证协会致力于通过开展工程教育专业认证，提高我国工程教育质量，为工程教育改革和发展服务，为工程教育适应政府、行业和社会需求服务，为提升我国工程教育国际竞争力服务。协会建立了国际实质等效的工程教育认证体系，认证工作得到了国际社会的广泛认可。2016 年 6 月，我国正式加入国际上最具影响力的工程教育学位互认协议《华盛顿协议》，在通过认证协会认证的工程专业学习，毕业生学位得到《华盛顿协议》其他成员的认可，极大地提高了我国工程教育的国际影响力。

中国工程教育专业认证协会的最高权力机构是会员大会，理事会是会员大会的执行机构，监督机构为监事会，办事机构为秘书处。认证协会根据工作需要设置各专业类认证委员会、学术委员会、认证结论审议委员会等[1]。以上各机构的关系如图 4-2 所示。

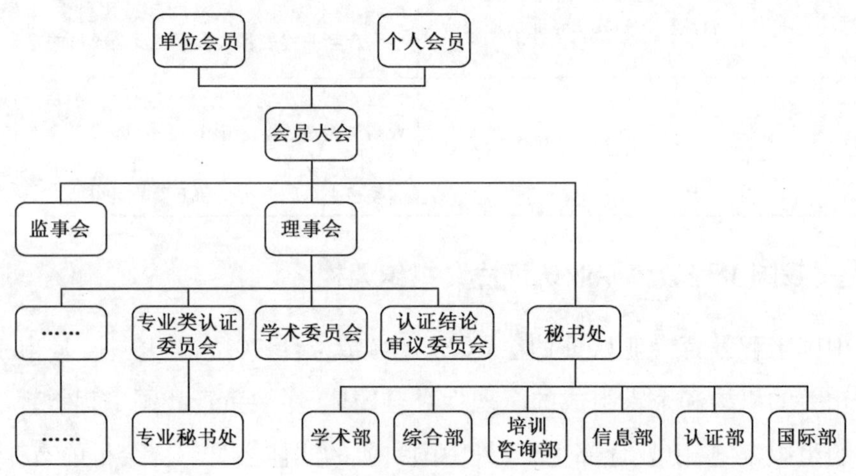

图 4-2　中国工程教育专业认证协会组织机构

各机构与认证工作有关的职责分别如下[2]。

(1)会员大会:表决通过协会章程;表决通过会员入会与除名;选举和罢免协会理事;选举和罢免协会监事;审议理事会工作报告和财务报告;审议监事会工作报告等。

(2)理事会:领导、组织工程教育认证工作;构建工程教育认证体系;通过工程教育认证办法、认证标准等;确定学术委员会、认证结论审议委员会、各专业类认证委员会的人员组成等。

(3)监事会:监督理事会、下设机构及成员履行职责情况,监督秘书处及其成员工作情况;监督工程教育认证工作,确保诚信、公正;受理学校关于认证结论或认证过程的申诉,调查并作出最终裁决;接受社会各界对工程教育认证工作的投诉,调查并作出相应处理。

(4)秘书处:在理事会的领导下,组织开展工程教育认证工作,包括受理认证申请、组织开展现场考查、组织开展认证结论审议等;指导各专业类认证委员会开展工作;制订并实施认证工作计划,协同认证工作相关的部门和单位;协助学术委员会制订、修订工程教育认证有关文件,组织开展学术研究与交流;负责工程教育认证的信息服务与对外宣传工作;组织开展认证工作的国际交流与合作;组织开展认证培训;完成理事会交办的其他工作。秘书处同时为监事会、学术委员会、认证结论审议委员会开展工作提供服务。

(5)专业类认证委员会:在理事会的领导下,组织实施所在专业领域的工程教育认证工作;制订、修订相应专业的专业补充标准和本专业类认证委员会的工作文件,交学术委员会审定;推荐本专业领域的认证专家人选;组织本专业认证专家的日常培训;委派现场考查专家组开展现场考查工作;组织撰写工程教育认证的有关报告、资料、结论建议等,报认证结论审议委员会审议;受理事会的委托处理有关事宜。中国工程教育专业认证协会下设 14 个专业类认证委员会:

①机械类专业委员会。

②化工类专业委员会。

③计算机类专业委员会。

④电子信息与电气工程类专业委员会。

⑤交通运输类专业委员会。

⑥食品科学与工程专业委员会。

⑦水利类专业委员会。

⑧环境工程专业委员会。

⑨矿业类专业委员会。

⑩安全工程专业委员会。

⑪材料类专业委员会。

⑫仪器类专业委员会。

⑬测绘工程专业委员会。

⑭地质类专业委员会。

(6)学术委员会:在理事会的领导下,负责对认证工作提供咨询;制订、修订认证办法、标准等认证工作文件,报理事会通过;对工程教育认证提供学术支持;认定专家资格;指导和组织学生活动等。

(7)认证结论审议委员会:在理事会的领导下,审议各专业类认证委员会作出的认证报告和认证结论建议,报理事会通过。

第二节　我国研究生工程教育认证组织架构设计

由全国工程专业学位研究生教育指导委员会（以下简称“教指委”）主导，筹建工程硕士教育认证委员会（以下简称“认证委员会”），包含机构代表和专家代表。认证组织架构由理事会、秘书组、政策研究组、各工程领域认证分委员会组成。

（1）理事会：是认证委员会的执行机构，全面负责认证工作，进行认证事项重要决策，如通过认证标准、认证程序，管理专业领域认证分支机构，审议认证结论等。

（2）秘书组：负责认证委员会的日常工作，包括联络、组织试点、网站（页）建设、专家培训等。在筹备阶段可考虑常设在教指委，由教指委秘书处同时担责，或挂靠其他机构。

（3）政策研究组：负责进行理论、政策研究和工作文件起草；在筹备阶段直接依托若干个专设的高教研究机构。

（4）各工程领域认证分委员会：在理事会的领导下，组织实施所在专业领域的工程教育认证工作；在对跨领域项目认证时，联合设置专项认证分委员会，负责制订具体领域、项目等的补充认证标准。

第三节　交通运输工程领域硕士研究生工程教育认证组织架构

一、交通运输工程领域的行业组织与合作形式

交通运输工程领域主要的行业协会/学会有7个，分别是：中国航海协会、中国铁道学会、中国公路学会、中国交通运输协会、城市交通规划学会、中国航空运输协会、中国城市轨道交通协会。

鉴于交通运输工程领域涉及铁道、公路、水路、航空、管道5个行业，行业协会/学会较多，为了便于开展本领域专业学位硕士研究生教育认证试点实践工作，在教指委领导与指导下，由交通运输工程领域工程专业学位研究生教育协作组（以下简称"协作组"）牵头，成立由行业协会/学会、高校、企业等多方参与的交通运输工程领域专业学位硕士研究生工程教育认证分委员会，负责组织开展交通运输工程领域专业学位硕士研究生工程教育认证工作。

这种形式与石油工程领域略有差异。2016年，教指委与中国石油学会签订协议，开始开展石油工程专业学位硕士研究生工程教育认证试点工作。

二、认证组织架构设计

2014—2016年，协作组设想了多种组织架构和工作模式，在充分征求专家意见并考虑认证工作的可操作性后，于2016年10月最终确定交通运输工程领域硕士研究生工程教育认证组织架构分为指导层和操作层两层。即：工程硕士教育认证委员会为指导层、交通运输工程专业教育认证分委员会为操作层，如图4-3所示。

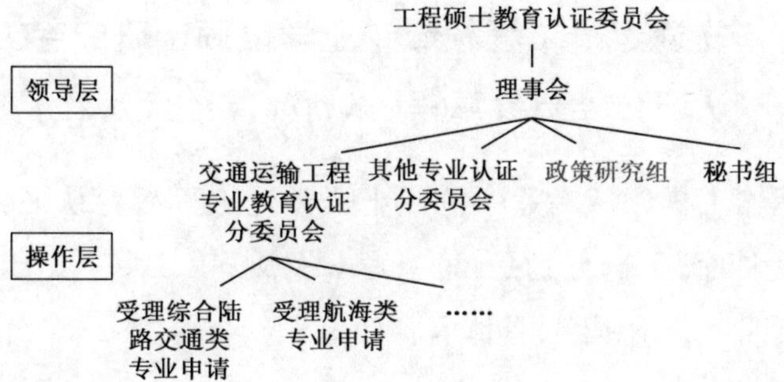

图 4-3 交通运输工程领域硕士研究生工程教育认证组织架构

第四节　交通运输工程领域专业学位硕士研究生工程教育认证分委员会章程(试行)

《交通运输工程领域专业学位硕士研究生工程教育认证分委员会章程(试行)》分为四个部分,分别是:第一章　总则;第二章　组织;第三章　职责与权限;第四章　附则[3],具体内容如下。

第一章　总　　则

第一条　为加强交通运输工程领域专业学位硕士研究生工程教育认证组织体系建设和管理,保证工程专业学位硕士研究生教育认证工作顺利进行,依据《国务院学位委员会 教育部 人力资源和社会保障部关于印发(专业学位硕士研究生教育指导委员会工作规程)的通知》(学位〔2011〕65 号)和《关于全国交通运输工程领域工程专业学位研究生教育协作组开展工程专业学位研究生教育认证试点的通知》(工程教指委秘〔2016〕1 号),结合认证工作实际情况,成立交通运输工程领域专业学位硕士研究生工程教育认证分委员会(以下简称“认证分委员会”),制订本章程。

第二条　认证分委员会是在全国工程专业学位研究生教育指导委员会(以下简称“教指委”)和认证委员会指导下,由交通运输工程领域工程专业学位研究生教育协作组(以下简称“协作组”)组织成立,行业协会/学会和企业专家参与组建的专家组织,负责组织开展交通运输工程领域硕士研究生工程教育认证工作。

第二章　组　　织

第三条　认证分委员会由教育界、企业界及协会/学会专家共同组成,总数不超过 30 人。其中,企业专家不少于 1/3,来自工程教育界成员约 1/2,委员由协作组和协会/学会联合进行聘任。

第四条　认证分委员会设主任委员 1 名，副主任委员若干名，秘书长 1 名。

第五条　认证分委员会组成人员每届任期 5 年，委员可以连任。委员因故不能履行其职责时，由协作组和协会/学会协商更换或补聘。

第六条　认证分委员会的认证经费由申请认证的培养单位向认证分委员会支付，认证分委员会按照专家组进校考查实际发生的费用进行结算并公示。

第三章　职责与权限

第七条　认证分委员会制订、修订《交通运输工程领域工程专业学位研究生教育认证标准》（以下简称“认证标准”）、《交通运输工程领域工程专业学位硕士研究生教育认证管理文件》（以下简称“管理文件”）。依据认证标准、管理文件开展相关认证工作。

第八条　认证分委员会推荐本专业领域的认证专家人选；组织本专业认证专家的日常培训；委派现场考查专家组开展现场考查工作；组织编写交通运输工程领域硕士研究生工程教育认证的有关报告、资料、结论建议等，报认证委员会审议。

第九条　认证分委员会作出是否通过认证的结论后，向社会公布。

第十条　认证分委员会对培养单位提出的认证申请进行审核，决定是否受理；同意受理的，由认证分委员会开展相关认证工作，并作出是否通过认证的结论。

第十一条　认证分委员会对通过认证的培养单位的培养质量进行监督指导。通过认证的培养单位在有效期内出现招生、培养等方面重大过失的，认证分委员会可取消其资格。

第十二条　认证分委员会于每年 12 月 31 号前，对当年所开展的认证工作进行总结，报教指委、认证委员会和参加认证工作的行业协会/学会备案。

第四章　附　　则

第十三条　本章程由交通运输工程领域专业学位硕士研究生工程教育认证分委员会负责解释。

第五节　交通运输工程领域专业学位硕士研究生工程教育认证管理文件征询意见流程

《交通运输工程领域工程专业学位硕士研究生教育认证管理文件》(以下简称“管理文件”)由认证分委员会试点工作组(以下简称“工作组”)组织编写,形成讨论稿后,启动征询意见流程。征询意见流程经历了由内到外再到内的逐步推进的四个阶段,具体过程如下。

阶段一:工作组形成管理文件(初稿)后,协作组组织研讨会,集中交流与讨论管理文件(初稿),一方面进行广泛宣传,获取共识,另一方面充分听取不同专家意见,形成会议纪要。受邀专家来自教育界、企业界及行业协会/学会。

阶段二:根据阶段一研讨会的会议纪要和各方专家意见,工作组修改形成管理文件(讨论稿),启动交通运输工程领域内专家书面意见征询程序,《征求意见表》示例如表4-2所示。逐条梳理专家反馈意见,经分析研究,形成管理文件(修改稿)。

征求意见表　　表4-2

条目	修改意见	专家	处理结果

阶段三:工作组针对阶段二形成的管理文件(修改稿),启动交通运输工程领域外专家书面意见征询程序,领域外专家包括教指委专家、石油工程领域专家、非交通运输专业背景的教育界专家。

阶段四:在前三个阶段的基础上,协作组组织召开研讨会,对管理文件(修改稿)再次集中听取教育界、企业界及行业协会/学会意见,针对有分歧的修改意见进行深入交流,确定修改意见,并形成会议纪要。

管理文件征询意见流程的时间节点控制如下:

(1)2016 年 7 月 4 日,在上海海事大学,协作组组织高校、企业界及行业协会/学会专家召开“认证工作管理文件(初稿)研讨会”。

(2)2016 年 7 月至 10 月,工作组充分考虑后续试点工作的可操作性,调整认证组织架构,形成 5 个管理文件(讨论稿)。

(3)2016 年 10 月 25 日,在河海大学,教指委秘书处和协作组深入研讨认证组织架构、与行业协会协同及发挥顶级专家作用等内容。

(4)2016 年 10 月 31 日至 11 月 15 日,工作组在本领域内启动 5 个管理文件(讨论稿)的书面意见征询程序。

(5)2016 年 11 月 16 日至 11 月 30 日,工作组逐条梳理专家反馈意见,并进行修改,形成 5 个管理文件(修改稿)。

(6)2016 年 12 月 8 日至 12 月 15 日,工作组启动外领域专家对管理文件(修改稿)的书面意见征询程序。

(7)2016 年 12 月 16 日,由全国工程专业学位研究生教育指导委员会在北京召开“深化推进研究生层次工程教育认证试点探索工作交流研讨会”,协作组组织召开本领域管理文件(修改稿)的集中讨论,针对有分歧的修改意见进行深入交流,确定修改意见,并形成会议纪要。

(8)2016 年 12 月 17 日至 2016 年 12 月 27 日,根据北京会议精神和外领域专家意见,形成管理文件(试行),指导后续认证试点工作。

本章参考文献

[1] 中国工程教育专业认证协会网站. http://www.ceeaa.org.cn/main! mainPage.w.

[2] 中国工程教育专业认证协会秘书处. 工程教育认证工作指南(2017 年版),2016.

[3] 交通运输工程领域专业学位硕士研究生工程教育认证分委员会工作组. 交通运输工程领域专业学位硕士研究生工程教育认证管理文件(试行),2016.

第五章

交通运输工程领域硕士研究生工程教育认证操作系统设计与实践

第一节　认证操作系统设计

硕士研究生工程教育认证操作系统设计的总体指导思想是“继承并发展国际、国内成熟的认证操作流程”。工程教育认证是以评价目标为导向，以认证标准为约束，由评价组织系统实施的教育认证过程。操作系统一般包括申请和受理、自评与提交自评报告、审阅自评报告、现场考查、审议和作出认证结论、认证状态保持等步骤。其中，申请和受理环节较为关键。从参与意愿性的角度来看，教育主管部门要求培养单位必须参加的评价，如学位点合格评估等，属于强制性评价；而教育认证属于自愿性评价，培养单位可以自主选择是否参加评价。在自愿性评价中，希望参加评价的培养单位首先要向评价组织者提交申请，由评价组织者审核同意后再进入实施阶段。图5-1给出了硕士研究生工程教育认证操作系统设计流程，与中国工程教育专业认证协会给出的工作流程略有差异。

一、申请和受理

交通运输工程领域专业学位硕士研究生工程教育认证工作在学校自愿

申请的基础上开展。

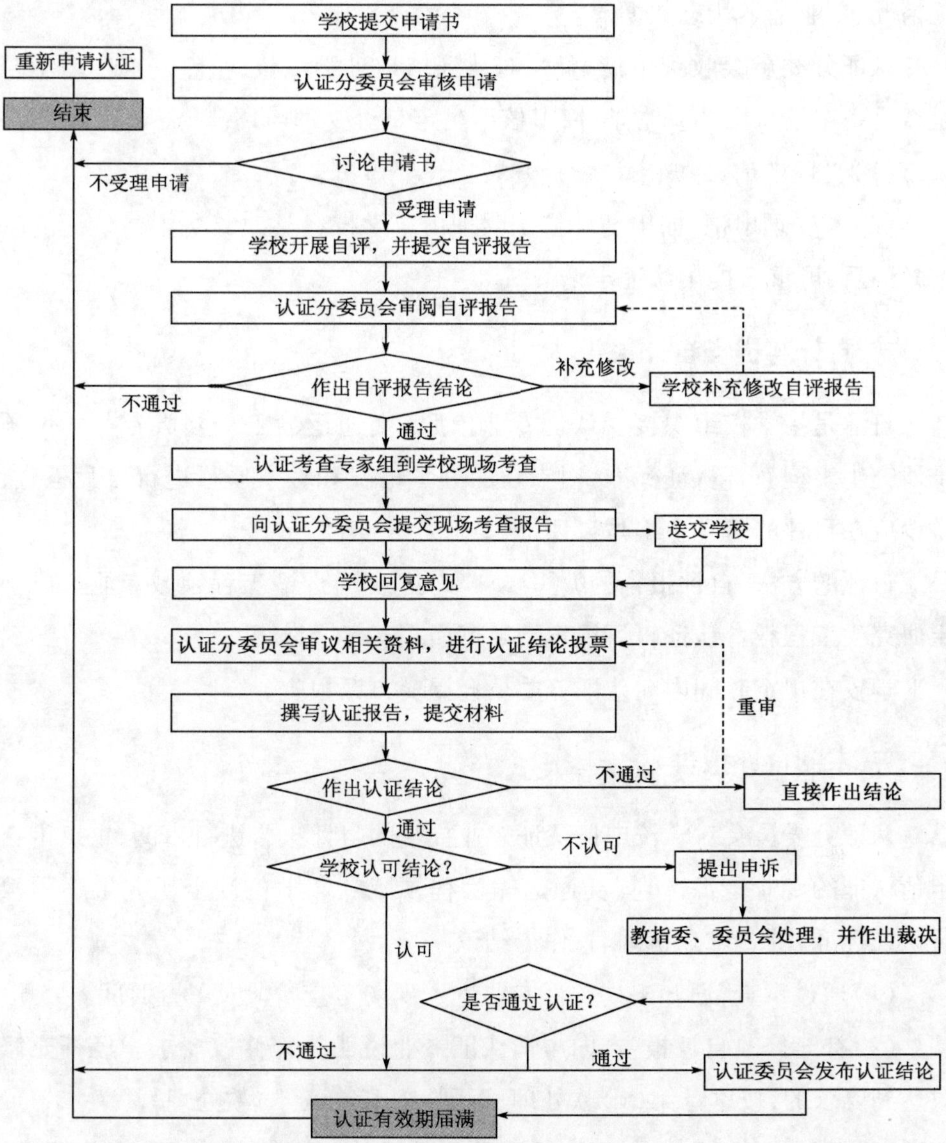

学校提交申请书
重新申请认证
认证分委员会审核申请
结束
讨论申请书
不受理申请
受理申请
学校开展自评，并提交自评报告
认证分委员会审阅自评报告
作出自评报告结论
补充修改
学校补充修改自评报告
不通过
通过
认证考查专家组到学校现场考查
向认证分委员会提交现场考查报告
送交学校
学校回复意见
认证分委员会审议相关资料，进行认证结论投票
撰写认证报告，提交材料
重审
作出认证结论
不通过
直接作出结论
通过
学校认可结论？
不认可
提出申诉
教指委、委员会处理，并作出裁决
认可
是否通过认证？
不通过
通过
认证委员会发布认证结论
认证有效期届满

图 5-1　硕士研究生工程教育认证操作系统设计流程

按照教育部有关规定设立的交通运输工程领域工程专业学位硕士研究生教育专业，并已培养出 3 届毕业生的，可申请认证。申请认证时，由专业所

在学校向认证分委员会提交申请书。申请书包括专业发展概况、专业参加认证情况、专业基本状态数据等。

认证分委员会收到申请书后,对认证申请进行审核,重点审查申请学校是否具备申请认证的基本条件,审核后决定是否受理申请。

(1)受理申请,通知申请学校开展自评。

(2)不受理申请,向申请学校说明理由。学校经整改具备申请认证的基本条件后,可重新提出认证申请。

二、自评与提交自评报告

自评是指学校组织接受认证专业依照《交通运输工程领域专业学位硕士研究生工程教育认证标准》对专业的办学情况和教学质量进行自我检查,学校应在自评的基础上编写自评报告。

自评的方法、自评报告的编写要求参见《交通运输工程领域专业学位硕士研究生工程教育认证自评报告指导书(试行)》(附录Ⅱ)。

学校在规定时间内向认证分委员会提交自评报告。

三、审阅自评报告

认证分委员会对学校申请认证专业提交的自评报告进行审阅,重点审查申请认证的专业是否达到《交通运输工程领域专业学位硕士研究生工程教育认证标准》的要求。审阅后,作出结论。

(1)通过审查,通知申请认证专业进入现场考查阶段及考查时间。

(2)补充修改自评报告,向申请认证专业说明补充修改要求。经补充修改达到要求的,按本条第(1)款处理;否则,按本条第(3)款处理。

(3)不通过审查,向申请认证专业说明理由,本次认证工作到此停止。专业经整改达到《交通运输工程领域专业学位硕士研究生工程教育认证标准》要求后,可重新申请认证。

四、现场考查

(1)现场考查的基本要求。

现场考查是认证分委员会委派的现场考查专家组到申请认证专业所在学校开展的实地考查活动。现场考查以《交通运输工程领域专业学位硕士研究生工程教育认证标准》为依据,主要目的是核实自评报告的真实性和准确性,并了解自评报告中未能反映的有关情况。

现场考查时间一般不超过 3 天。认证分委员会应在专家组入校考查前 2 周通知学校。

专家组应熟知《交通运输工程领域专业学位硕士研究生工程教育认证标准》,进入学校 4 周前审阅自评报告,专家组对自评报告的审议意见应提前 1 周反馈给学校。考查期间,专家组按照《交通运输工程领域专业学位硕士研究生工程教育认证现场考查专家组工作指南(试行)》开展工作。

(2)现场考查的程序。

①专家组预备会议。进校后,专家组召开内部工作会议,进一步明确考查计划和具体考查步骤,并进行分工。

②见面会。专家组向承担专业建设的院系负责人、专业负责人及学校研究生主管部门负责人介绍考查目的、要求和详细计划,申请认证专业对专家组的审议意见进行补充说明,双方交换意见。

③实地考查。考查内容包括:考查实验室、实践基地、图书资料等教学硬件设施;检查近期学生的学位论文、试卷、实验报告、实习报告、作业;考查其他能反映教学质量和学生素质的现场和实物等。

④访谈。专家组根据需要访谈在校生、教师、导师及院(系)行政人员、学术、教学负责人等,必要时还需访谈用人单位代表、实习基地企业导师及管理人员。

⑤意见反馈。专家组向承担专业建设院系、学校研究生主管部门反馈考

查意见与建议。

(3)现场考查报告。

交通运输工程领域专业学位硕士研究生工程教育认证现场考查报告,是认证分委员会对申请认证的专业作出认证结论和形成认证报告的重要依据,需包括下列内容:

①专业基本情况。

②对自评报告的审议意见及问题核实情况。

③逐项说明专业对于认证标准要求的达成度,重点说明现场考查过程中发现的主要问题和不足,以及需要关注并采取措施予以改进的事项。

专家组在现场考查工作结束后 15 日内,向认证分委员会提交现场考查报告及相关资料。

五、审议和作出认证结论

(1)征询意见。

认证分委员会将现场考查报告寄送申请认证专业所在学校征询意见。学校应在收到现场考查报告后核实其中所提及的问题,并于 15 日内按要求向认证分委员会回复意见。逾期不回复的,视同无异议。

现场考查报告可在学校内部传阅,但在得到认证结论前,不得对外公开。

(2)审议。

认证分委员会召开全体会议,审议申请认证专业的自评报告、现场考查报告和学校回复意见。

(3)认证结论。

在充分讨论的基础上,认证分委员会采取无记名投票方式确定是否通过认证结论。投票人数达到全体委员数的 2/3 及以上时,投票方为有效。同意票数达到投票人数的 2/3 以上时,通过认证结论,否则不通过。认证分委员会讨论认证结论和投票的情况应予以保密。

交通运输工程领域专业学位硕士研究生工程教育认证结论分为3种：

①通过认证，有效期6年。

②有条件通过认证，有效期6年。

③不通过认证。

结论为“通过认证”的专业，3年后应向认证分委员会提交持续改进报告；结论为“有条件通过认证”的专业，3年后应向认证分委员会提交自评报告，并接受审查；结论为“不通过认证”的专业，一年后可重新申请认证。

(4)认证报告和相关材料归档。

认证分委员会根据审议过程，撰写认证报告，写明认证结论和投票结果。连同自评报告、现场考查报告、现场考查专家工作手册(含“自评报告专家个人分析意见表”“认证现场考查记录表”“认证专家个人考评表”)、专家组工作手册(含“现场考查自评报告专家个人分析意见汇总表”“现场考查问题汇总”“现场考查结论”“现场考查报告”)和学校回复意见等材料，一并归档。

第二节　教育认证口径及试点认证学校筛选原则

一、教育认证口径

交通运输工程领域涉及铁道、公路、水路、航空、管道5个行业，包含若干大类专业方向，如：道路与铁道工程、交通运输规划与管理、交通信息工程与控制、载运工具运用工程等。同时，各高校交通运输工程大类专业方向分散在不同学院，即使行业背景明显的高校也存在办学覆盖多行业、多专业方向的现状。

经分析研究，交通运输工程领域的认证以申请认证的学校整体为对象，覆盖办学的不同学院。认证鼓励以完整的交通运输工程专业为认证口径，不再细分行业和专业方向。对于没有以完整的交通运输工程专业参加认证的专业，需在认证通过的文件上标明该校通过认证的专业范畴。

认证实施充分考虑办学特色。在认证专家的选取上，兼顾认证专家与学校专业背景的对应性。

二、试点认证学校筛选原则

由于硕士研究生与本科工程教育具有衔接性，硕士研究生教育认证与本科教育认证标准也具有衔接性，因此，筛选参加试点认证学校的原则为：优先考虑本科已通过专业认证的学校；考虑覆盖交通运输工程领域的不同行业。

第三节　现场考查工作基本程序及考查日程安排

一、现场考查工作基本程序

硕士研究生工程教育认证现场考查工作基本程序分为进校前审议、预备会议、现场考查、结论汇总、专家组全体会议、意见反馈、形成考查报告 7 个环节[1]。每个环节的主要工作内容如下。

(1)进校前审议:专家审阅自评报告,填写“自评报告专家个人分析意见表”,于进校考查前交专家组秘书。专家组秘书汇总形成“自评报告专家个人分析意见汇总表”,协助组长拟定考查重点和考查日程[2]。

(2)预备会议:专家组讨论确定考查重点、考查日程和专家组成员考查分工[2]。

(3)现场考查:专家组根据考查工作安排,开展现场考查活动,完成“现场考查专家工作手册”中相关表格的记录[2]。

(4)结论汇总:专家完成“现场考查专家工作手册”,秘书汇总专家个人考评结论和发现的问题[2]。

(5)专家组全体会议:专家组根据汇总情况,讨论形成专家组“现场考查结论”,初步讨论“现场考查报告”[2]。

(6)意见反馈:专家组组长介绍考查工作整体情况,专家交流个人考查意见[2]。

(7)形成考查报告:现场考查结束后 15 日内,专家组形成并提交“现场考查报告”,由认证分委员会送学校征询意见。秘书将有关材料归档[2]。

二、现场考查日程安排

专家组进校现场考查时间建议为 2 ~2.5 日,表 5-1 为 2.5 日考查的工作参考日程。

专家组现场考查工作参考日程 表5-1

时间节点	工作项目	参加人员	主要任务和注意事项
进校考查前2个月	准备工作	现场考查专家组全体成员	1. 认真审阅自评报告,并完成“自评报告专家个人分析意见表”; 2. 秘书汇总所有专家的“自评报告专家个人分析表”,形成“自评报告专家个人分析意见汇总表”,并于进校考查1周前发给专家组全体成员
考查前一天晚上,时间2个小时	专家组预备会议	现场考查专家组全体成员	1. 根据“自评报告专家个人分析意见汇总表”,讨论“专家组现场考查重点汇总表”; 2. 协商确定专家组考查工作安排
第一天上午 8:30—12:00	与学院(系)负责人见面会	现场考查专家组全体成员、学校和研究生院相关人员、实验设备管理部门相关人员、专业负责人、专业相关人员	1. 由专家组组长主持,介绍专家、考查目的等; 2. 专业负责人补充自评报告未充分说明的内容; 3. 专家就自评报告有关问题向专业负责人及研究生院、实验设备管理部门有关人员提问。 注:不安排开幕仪式,不安排领导讲话
第一天下午 14:00—17:30 第二天上午 8:00—12:00 第二天下午 14:00—17:30	现场考查	现场考查专家组全体成员	1. 考查实验室、实践基地、专门性教学场所等设施; 2. 调阅试卷、开题报告、学位论文、实验报告、实习报告等; 3. 调阅管理文件、资料; 4. 约访教师、导师、管理人员、在校生、毕业生、用人企业和管理人员等。 注:约访教师等尽可能安排在资料调阅之后
第一天晚上、第二天晚上,时间各2个小时	专家组内部会议	现场考查专家组全体成员	1. 沟通第一天考查感受、发现的问题,交换心得、意见;不讨论结论、不形成统一意见; 2. 专家填写“现场考查专家工作手册”中的有关表格

续上表

时间节点	工作项目	参加人员	主要任务和注意事项
第二天晚上	专家独立完成“现场考查专家工作手册”	现场考查专家组全体成员	1. 专家独立完成“现场考查专家工作手册”； 2. 秘书汇总“现场考查专家工作手册”中的“专家个人考评表”
第三天上午 8:30—10:30	专家组内部会议	现场考查专家组全体成员	根据秘书提前汇总的“专家个人考评结论”，讨论确定专家组“现场考查结论”；讨论“现场考查报告”
第三天上午 10:30—11:30	现场考查意见交流会	学校、研究生院、院系及专业相关人员	由专家组组长介绍考查的整体情祝，不反馈考查结论 注：不安排闭幕仪式，不安排领导讲话
第三天下午	专家离校		注：不安排校领导送行
考查结束后 15 日内	形成“现场考查报告”		“现场考查报告”提交专业类认证分委员会，由认证分委员会送学校征询意见
学校收到考查报告后 15 日内	反馈对“现场考查报告”的意见		学校 15 日内不反馈意见，则视为同意“现场考查报告”

第四节　交通运输工程领域专业学位硕士研究生工程教育认证现场考查专家组工作指南(试行)

本指南主要用于指导工程教育认证现场考查专家组赴接受认证专业所在学校开展现场考查工作;同时可供接受认证专业配合考查专家组开展工作时参考。指南包括现场考查专家组、现场考查、现场考查报告三个部分。

一、现场考查专家组

1.现场考查专家组的组成

现场考查专家组是由交通运输工程领域专业学位硕士研究生工程教育认证分委员会(以下简称"认证分委员会")派出的临时性工作小组,由5~7名专家和1名秘书(可由专家兼任)组成,其成员由认证分委员会确定,并通知接受认证专业所在学校。现场考查专家组应包括教育界学术专家、企业界工程技术专家和政府部门专家,其中企业/行业协会工程技术专家不少于2人(专家组由7人组成时不少于3人);高校专家不少于1人;政府部门专家不少于1人。

专家组人员构成与专业背景需符合开展当次认证工作的要求。根据需要可邀请境外认证专家参与现场考查工作。现场考查专家组组长由认证分委员会委员担任。

2.现场考查专家组成员的要求

(1)坚持原则,实事求是,认真负责,公正客观。

(2)在接受认证专业所在学校没有学习或工作的经历。

(3)执行工程教育认证工作的有关保密与纪律要求。

3. 现场考查专家组组长职责

(1)直接对认证分委员会负责。

(2)组织制订现场考查计划,提出现场考查专家组成员分工的意见,领导和协调现场考查专家组成员开展工作,支持专家组成员独立开展工作、形成客观的考查意见。

(3)召集现场考查专家组会议,研究和决定与考查工作相关的事项。

(4)与接受认证专业及其所在学校沟通,协商有关事宜,保证考查工作顺利实施。

(5)按要求组织编写完成“现场考查专家组工作手册”(含“现场考查报告”)。

4. 现场考查专家组成员职责

(1)提前做好现场考查准备,包括熟悉有关文件,了解认证分委员会对考查工作的要求。

(2)深入阅读接受认证专业的自评报告,形成个人考查重点,完成“自评报告专家个人分析意见表”,并于进校前交专家组秘书汇总。

(3)准时到达接受认证专业所在学校,不能按时到达者,需提前 2 周报告现场考查专家组组长;按照专家组的工作要求,全程参加各项考查活动。

(4)认真完成现场考查专家组分配的各项工作。

(5)依据《交通运输工程领域专业学位硕士研究生工程教育认证标准》(以下简称《认证标准》),对接受认证专业进行深入全面的考查,作出独立、客观、科学的判断,协助专家组组长完成“现场考查专家组工作手册”中相关内容。

5. 现场考查专家组秘书职责

(1)受认证分委员会的指派,担任现场考查专家组秘书,根据现场考查计划安排，与认证分委员会、专家组组长、接受认证专业所在学校联系，妥善安排各项活动。

(2)进校考查前，确认专家组成员按时收到自评报告和补充说明材料，并收集“自评报告专家个人分析意见表”，汇总形成“自评报告专家个人分析意见汇总表”，提交组长，协助组长拟定考查重点和考查日程。

(3)协调与安排专家按时到校参加考查工作，全程协助专家组开展工作。

(4)汇总专家个人考评结论与发现的问题，提交专家组讨论。

(5)协助组长完成“现场考查专家组工作手册”和现场考查中所需的其他文件。考查工作结束后，将相关文件报送认证分委员会归档。

(6)完成组长交办的其他工作。

二、现场考查

1. 现场考查时间

认证分委员会与接受认证专业所在学校协商确定现场考查的具体日期。现场考查应安排在学期中非节假日时间进行，每个专业现场考查时间一般不超过3天。

2. 现场考查目的

现场考查的主要目的是核实接受认证专业自评报告的真实性和准确性，分析并指出该专业人才培养所存在的问题。

3. 现场考查准备

(1)现场考查专家组成员在现场考查前应仔细阅读《认证标准》、接受认证专业的自评报告等文件，完成“自评报告专家个人分析意见表”，并于进校前1周交专家组秘书形成“自评报告专家个人分析意见汇总表”，如表5-2所示。

自评报告专家个人分析意见汇总表　　表 5-2

指　　标	自评报告中未充分说明的内容，以及针对认证标准发现的问题和关注项	拟采取的考查方式	核查情况
学生			
培养目标			
毕业要求			
持续改进			
培养环节			
师资队伍			
支持条件			
其他（需要学校提供的资料等）			

（2）专家组组长在秘书的协助下，根据“自评报告专家个人分析意见汇总表”，拟定“现场考查重点”，参照“专家组现场考查工作参考日程”拟定“考查日程”，并与学校和专业进行沟通。

（3）专家组到达接受认证专业所在学校后，由专家组组长组织召开预备会议，讨论、确定“现场考查重点”“考查日程”“专家组成员分工及其他有关事项”。专家组现场考查重点汇总表如表 5-3 所示，是专家组形成现场考查要点的依据，考查过程中人手一份。

专家组现场考查重点汇总表　　表 5-3

指　　标	专家组拟深入了解或核查的问题和关注项	拟采取的考查方式	备　　注
学生			
培养目标			
毕业要求			
持续改进			
培养环节			
师资队伍			
支持条件			
其他			

4. 现场考查的主要形式

根据考查的需要以及学校的具体特点，现场考查工作一般采取以下考查形式：

(1)约访学校、研究生院有关职能部门负责人和接受认证专业所在学院(系)负责人。

主要了解学校、研究生院对本专业的培养要求、支持和管理情况；着重了解专业人才培养定位、目标，专业特色及适应性；专业建设的指导思想及其符合人才培养定位、专业特色的程度；培养方案、教学计划、课程大纲的制订与实施，学院(系)为专业教育教学活动创造的环境；师资结构及师资建设情况；学生学习和发展情况。

(2)约访导师与专业任课教师。

通过导师访谈、座谈等方式，了解导师对专业培养目标、培养方案制订思路、导师素质要求、课程设置、研究生培养模式等方面的理解、看法和意见，以及日常对研究生的指导方法；通过专业任课教师访谈、座谈等方式，了解专业任课教师对课程设置、教学组织模式等方面的理解、看法和意见，以及对所讲授课程在专业教育中作用的理解程度；同时，了解导师、教师对学校及学院(系)有关研究生培养的理念、制度、政策、计划、措施的落实情况及其效果。

(3)约访研究生。

通过研究生座谈、个别谈话等方式，了解研究生的学习和研究态度、知识结构、能力、素质等符合所定目标的程度；了解研究生理解本专业培养目标的程度；了解研究生对学校、学院(系)教学、管理等各方面工作的意见；了解研究生对导师指导工作的意见和建议。考查专家组约访的研究生应具有广泛代表性。

(4)审阅研究生学习成果。

通过抽查研究生的平时作业、试题试卷或专题报告、参与课题研究工作情况、企业实习报告、选题报告、学位论文等，了解各类课程和各教学环节落实教学计划、教学制度、政策、规定、措施的程度，了解各类课程和各教学环节达到培养目标要求的程度；了解上述内容对提高研究生整体素质的作用和研究生对其的适应程度，以评价教学计划的有效性。被抽查的研究生学习成果应覆盖该专业的主要课程和教学环节，并具有代表性。

（5）约访毕业研究生、用人单位代表、实习基地企业导师及管理人员。

听取毕业研究生对本专业人才培养体系的意见和用人单位对该专业培养研究生的评价，了解该专业实现培养目标的情况，以及该专业为适应社会需要改进人才培养工作的情况。听取实习基地企业导师及管理人员对该专业学生实习指导与管理的情况，了解实习指导对该专业毕业要求的支持情况。

（6）考查教学条件及教学管理。

实地考查学校或学院（系）的实验室、图书馆、资料室、研究生工作室等场所，并与有关工作人员交流，了解教学设施更新和研究生使用情况（设施利用率），教学规章制度建设和执行情况，教学文件、档案保管等情况。

5. 交换现场考查意见

现场考查结束时，专家组可与接受认证专业及所在学院（系）负责人交换专家个人意见。

三、现场考查报告

1. “现场考查报告”的内容

“现场考查报告”的内容及格式要求见“现场考查专家组工作手册”。

2. “现场考查报告”的形成

专家组离校后，应及时指定专人起草专家组“现场考查报告”，经专家组成员审阅修改后，由组长审定，并在现场考查结束后15日内将“现场考查报告”提交认证分委员会，由认证分委员会寄送接受认证专业所在学校征询意见。

本文件由认证分委员会负责解释。

本章参考文献

[1] 中国工程教育专业认证协会秘书处.工程教育认证工作指南(2017 年版),2016.

[2] 交通运输工程领域专业学位硕士研究生工程教育认证分委员会工作组.交通运输工程领域专业学位硕士研究生工程教育认证管理文件(试行),2016.

第六章

支持认证标准达成评价的数据采集与管理系统设计及应用

教育认证制度作为一种教育行业自律和教育质量控制方法,已成为各国高等教育质量保证体系的重要组成部分。以成果/产出为导向的工程教育认证在标准中明确要求以学生的学业成就作为认证的重要内容[1],并要求建立一个有效的学生成就的评价体系。学生对学校和专业的满意度是认证的重要指标之一,学校和专业开展的在校生和毕业生跟踪调查等都是认证标准中"满足学生需要"的重要证据[2]。"以质量保证和质量改进为基本指导思想和出发点"的认证指标包含"质量管理"和"持续改进"项目,认证程序上强调通过自评发现师资队伍、支持条件、培养方案、教学过程存在的问题及具有的优势。由此可见,学生成就评价、专业教育满足学生需要评价、持续改进评价工作均需要大量数据支撑。

在专业认证成为工程教育常态化工作内容后,量大面广的支撑数据采集将具有长期性、周期性、连续性的明显特征。随着网络信息化技术的发展,设计和建设支持工程教育认证标准达成评价的数据采集与管理系统,在提高数据收集效率的同时，也为基于数据采集与定量分析进行工程教育教学规律总结提供了技术平台，并能促进以需求为导向的人才培养方案的持续改进。

本章研究了中国工程教育认证协会《本科专业教育认证自评报告指导书(2016 年版)》和《交通运输工程领域专业学位硕士研究生工程教育认证自评报告指导书(试行)》(附录Ⅱ)的要求及标准达成评价的数据需求特点，进行了数据采集与管理系统功能的需求分析，并以此为基础设计了包括 5 个子系统的支持工程教育认证标准达成评价的数据采集与管理系统。

第一节　数据采集与管理系统功能需求分析

按照中国工程教育认证协会《本科专业教育认证自评报告指导书(2016年版)》的要求,自评材料必须包括对工程专业的培养目标、毕业要求、培养方案、课程达成度开展周期性评价获得的数据及与之相应的周期性评价体系[1],如图6-1所示。

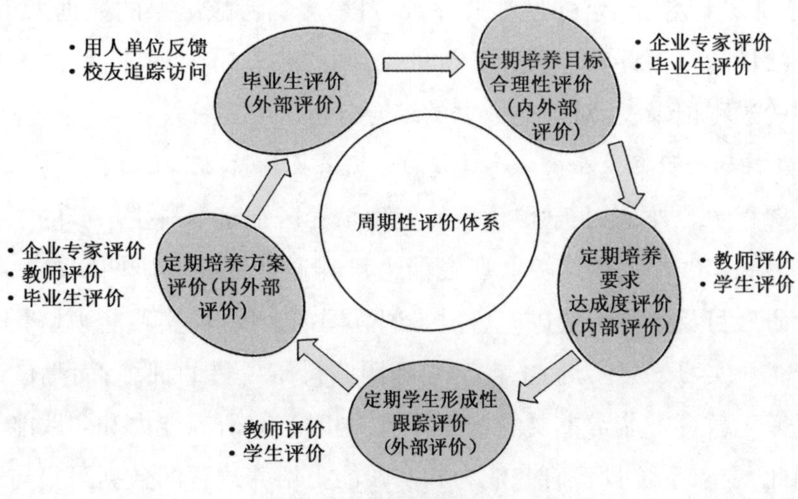

图6-1　工程教育周期性评价体系

由图6-1可知,支撑专业认证各项标准达成所需的数据来自教师、在校本科生、毕业生(已工作的校友或继续深造的研究生)、企业专家、用人单位、实习基地等,覆盖了在校师生、院、系、专业、校内外等方面的基本信息,以及教学过程产生的客观数据、来自各方面的评价数据等。

按照《交通运输工程领域专业学位硕士研究生工程教育认证标准(试行)》(附录Ⅱ)的要求,专业学位硕士研究生教育认证的周期性评价体系与图6-1基本相同。但是,本科教育认证与硕士研究生教育认证关注点不同,培养模式也不同;因此,需要分别讨论面向本科教育认证和硕士研究生教育认证标准达成评价的数据采集与管理系统的功能需求。

1. 支持本科生在校学习过程的数据采集与管理系统功能

本科生的培养过程通常包括:课程学习、实习、实践与创新、毕业设计/论文,在培养过程中对应有评价考核方式、考核结果、学生评教和教师评价等内容。

因此,要求系统具备的相应功能模块包括:①对课程学习、实习、实践与创新、毕业设计/论文培养过程的评价考核方式、考核结果的数据采集;②针对教学活动的学生评教和教师评价的结果记录;③针对毕业设计/论文的质量控制的过程记录;④对各类数据的综合分析。

2. 支持硕士研究生在校培养过程的数据采集与管理系统功能

除课程学习外,专业学位硕士研究生培养区别于本科生培养的主要是对研究能力和实践能力的培养。研究能力培养通常依托读研期间参加导师团队的科研项目及各种专业讲座、论坛、国际国内会议等;实践能力培养一方面来自于企业实习,另一方面来自于导师团队科研项目的训练;而学位论文是硕士研究生教育中非常重要的培养环节,同时培养研究能力和实践能力。

因此,要求系统具备研究能力和实践能力培养过程的数据采集与管理功能,其需要的功能模块包括:①专业讲座、科研训练的学习效果数据的采集与分析;②到实习基地完成企业实习效果数据的采集与分析;③学位论文的开题报告、中期考核、答辩评价等过程考核数据的采集与管理。

3. 支持能力培养达成分析的数据采集与管理系统功能

在学生毕业前夕与毕业后,需要跟踪掌握学生的在校能力培养满意度情况和相应的职业发展能力是否符合单位、行业的发展要求,同时也需要通过对用人单位的访谈或调查来判断学校的培养目标和培养方案是否需要调整。

因此,要求系统具备的相应功能模块包括:①大四本科生、三年级硕士研究生情况数据采集与分析;②毕业校友情况数据采集与分析;③用人单位回访数据采集与分析。

4. 数据存储、统计与管理系统功能

本科生和硕士研究生在校学习的数据采集周期通常为1年；支持能力培养达成分析的数据采集周期针对本科生和研究生略有差别，研究生数据采集周期建议为2～3年，本科生数据采集周期建议为4～5年。由此可知，一方面，随着时间的延续，系统将采集到大量本科生、研究生学习成长的过程数据；另一方面，需要对这些数据进行年度对比、分专业方向对比，甚至进行本科生、硕士生相关数据对比，及时生成数据分析报告。

因此，要求系统必须具备存储与统计分析功能，包括：①长周期数据的存储、分项、分类管理功能；②针对专业认证达成评价需要提供的各项证据的数据分析与深度挖掘功能；③支持生成各类调查分析报告，给出培养目标、毕业要求、本科生课程体系、研究生培养环节、师资、支持条件方面存在的问题和改进建议。

第二节　系统总体框架设计

1. 系统结构

面向专业认证的数据采集与管理系统包括5个子系统，如图6-2所示。

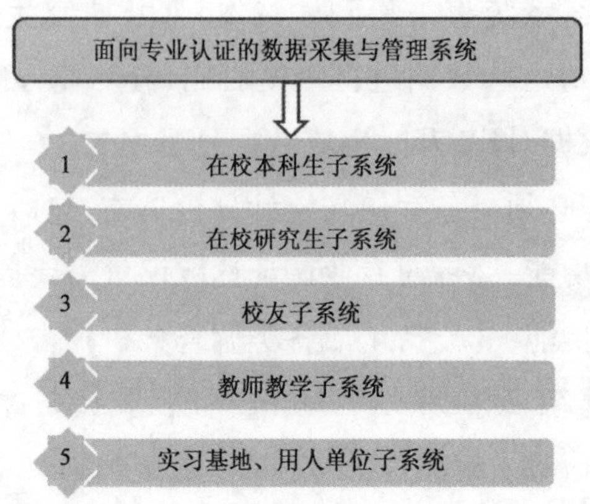

图6-2　数据采集与管理系统构成

其中，子系统1、2、3可以实现学生培养过程"新生—在读本科生—毕业5年本科生校友"和"新生—在读硕士生—毕业2年硕士研究生校友"长周期时间序列数据和截面数据的采集、分析、评估与管理[3]。

子系统4可以实现本科生的理论课程、实验、毕业设计、实践教学多环节的教学效果和存在问题等数据的连续采集和分析；研究生的课程学习、导师指导等环节的教学效果和存在问题等数据的连续采集和分析；支持教学方法、教师授课等环节教学质量的反馈，可以为确定教学改革方向提供依据[3]。

子系统5有助于建立实习基地、用人单位定期反馈机制，便于掌握行业、用人单位的实际需求，保障实习基地在实践教学中良好运作[3]。

2. 系统管理功能框图

数据采集与管理系统功能框图如图6-3所示(以同济大学交通运输工程学院为例)，分为前台管理、数据采集、统计报表和系统管理四个部分。

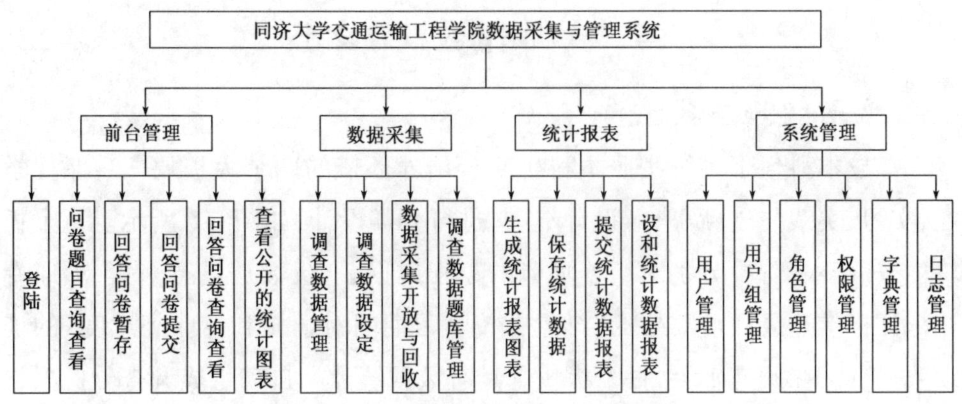

图 6-3　数据采集与管理系统功能框图

3. 系统内部架构设计

系统基于 JavaEE 技术，采用当前业界流行的多层组件式 B/S 架构，前台应用系统与数据库服务器分离，采用集中式数据管理[4]。数据库可选用 Oracle或 DB2，应用服务器建议选用 Tomcat、Websphere 或 Weblogic。系统内部架构设计如图 6-4 所示。

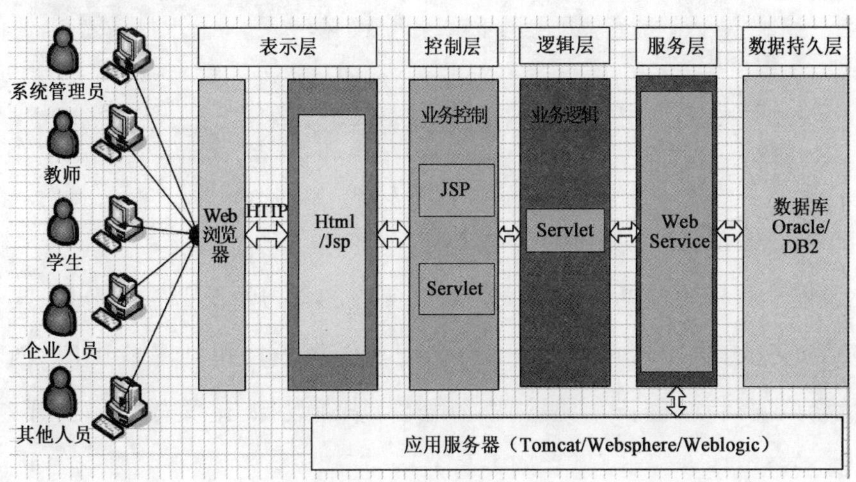

图 6-4　系统内部架构设计

第三节　子系统框架设计

1. 在校本科生子系统

在校本科生子系统按照本科生 4 年培养环节的四个大板块——课程学习、实习、实践与创新、毕业设计/论文进行分类设计，如图 6-5 所示。每个板块均按照学习阶段分别对培养环节的过程数据、评价数据进行采集，形成专业认证标准达成评价需要的"学生在校学习期间对学校和专业满意度"的连续数据链。在此基础上，每个板块都具有数据统计和自动生成调查分析报告的功能。

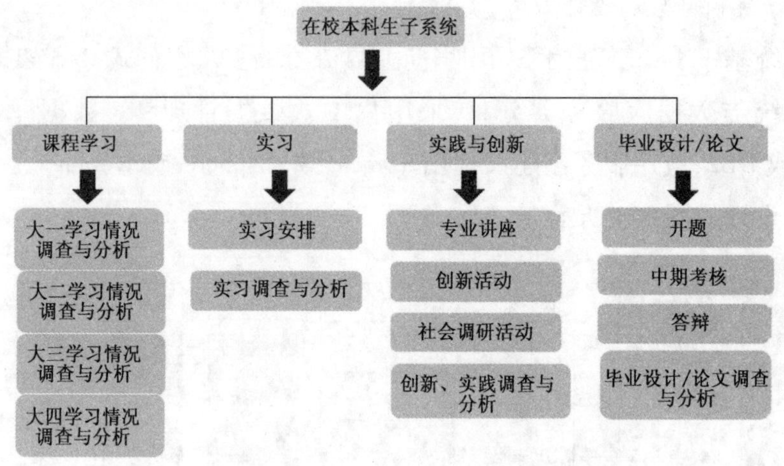

图 6-5　在校本科生子系统框架设计

课程学习板块包括大一至大四 4 个年级的学习情况调查与分析；实习板块包括实习安排、实习调查与分析；实践与创新板块包括专业讲座，创新活动，社会调研活动，创新、实践调查与分析；毕业设计/论文板块包括开题、中期考核、答辩、毕业设计/论文调查与分析。

2. 在校研究生子系统

在校研究生子系统按照研究生 2.5 ~ 3 年培养环节的四个大板块——课

程学习、实习、科研训练、学位论文进行分类设计，如图6-6所示。

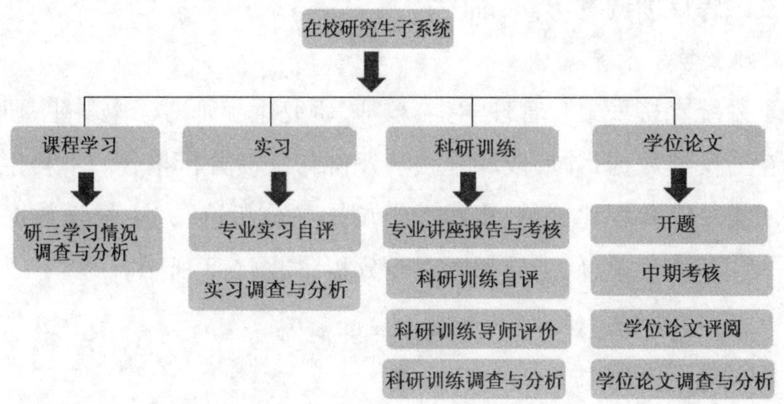

图6-6　在校研究生子系统框架设计

课程学习板块包括对研三学生的学习情况进行数据采集与分析；实习板块包括专业实习效果自评、实习调查与分析；科研训练板块包括专业讲座报告与考核、科研训练自评、科研训练导师评价、科研训练调查与分析；学位论文板块包括开题、中期考核、学位论文评阅、学位论文调查与分析。

3. 校友子系统

校友子系统数据采集与管理分别面向本科生校友和硕士研究生校友，对本科生毕业5年、硕士研究生毕业2年的校友进行跟踪调研与反馈，如图6-7所示。

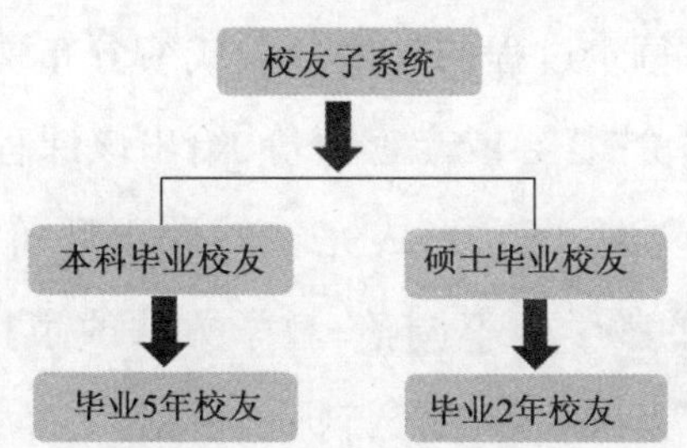

图6-7　校友子系统框架设计

不论是本科还是硕士毕业校友，都对本专业培养目标、毕业要求达成度进行评价，形成“学生毕业后对学校和专业满意度”的跟踪数据链。在此基础上,进行数据统计、分析、反馈,编制毕业5年本科生校友、毕业2年硕士研究生校友跟踪反馈调查与分析报告。

4. 教师教学子系统

该子系统支持采集与管理学生、教师、研究生导师对于本科生、研究生教学的调查与反馈数据,并形成课程教学评价与反馈分析报告。本科生教学数据分为两类——课程评价单、实践教学调查与分析;研究生教学数据也分为两类——课程评价单、硕士导师调查与分析,如图6-8所示。

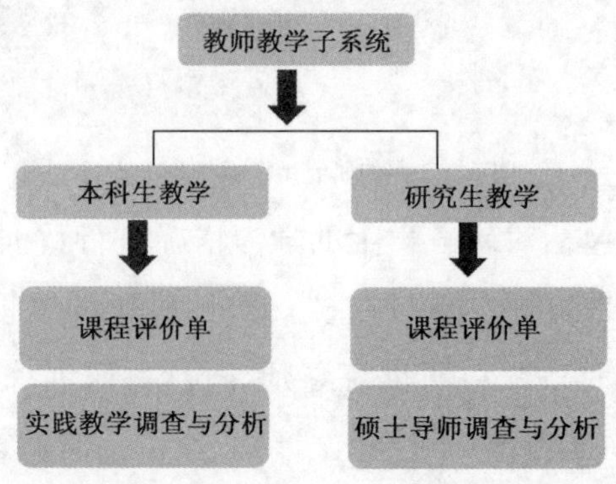

图6-8　教师教学子系统框架设计

课程评价单应在每学期期末,由授课教师提交。授课教师应按照课程能力培养目标和考核方法,回顾一个学期的课程设计、实际授课、作业布置、测试练习的整个过程,将每个过程的学生分项成绩分布情况与设定目标值进行比较,然后结合学生评价、督导或专家评价,给出该课程对相应毕业要求能力项的达成评价和持续改进方向,形成完整的课程评价单[5]。课程评价单一方面可以为下一学年的教学内容调整、教学方法改革提供方向,以便提升教学质量;另一方面可以为课程体系修订提供依据。

5. 实习基地、用人单位子系统

该子系统支持对实习基地、产学研基地、用人单位进行数据采集与调研跟踪,如图6-9所示。实习基地板块支持本科生、硕士研究生在企业实习的

调查与分析；用人单位板块支持定期的用人单位调研反馈，包括用人单位对招收的应届本科和硕士毕业生的能力评价、对学校培养环节需要加强或关注的项目的建议等。同时，通过定期会议研讨，可积累用人单位对本专业培养目标、毕业要求微调的建议，形成“用人单位对专业人才培养满意度”的跟踪数据链。在此基础上，进行数据统计、分析、反馈，可编制用人单位调查与分析报告。

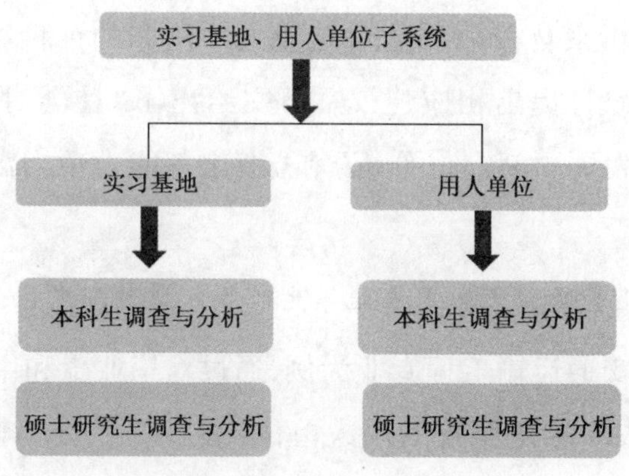

图6-9　实习基地、用人单位子系统框架设计

第四节　数据采集与管理系统在专业认证实践中的应用

一、支持毕业要求修订

硕士培养方案一般每3年系统修订一次,在执行过程中,每年都可能有小的修改。修改的依据除了本专业领域科学发展和社会对本专业人才需求的变化以外,还可以参照数据采集与管理系统的“实习基地、用人单位子系统”中的数据,分析来自校内外的对专业人才培养的评价结果和改进意见,然后对毕业要求修订提出相应建议。下文给出了“社会对毕业生的需求和本专业学生职业发展预期定位分析”和“细化各能力项内涵和培养方式”的案例。

1.社会对毕业生的需求和本专业学生职业发展预期定位分析

以同济大学交通运输工程专业为例,通过对毕业生和用人单位的跟踪反馈调查可以发现,17家被调查的用人单位(表6-1)主要为设计院、规划院等类型的单位,二者占到62%,所有单位均与交通规划、建设、运营相关,说明同济大学交通运输工程学院培养的全日制专业学位硕士毕业后大部分从事了本专业工作,达到了专业培养目标。

用人单位基本情况一览表　　表6-1

单位名称	成立时间	单位规模(人)
交通运输部规划研究院	1998年	300
广州市城市规划勘测设计研究院	1953年	1700
上海自仪泰雷兹交通自动化系统有限公司	2012年	500
上海铁路局	1949年	160000
绍兴市轨道交通集团有限公司	2015年	50
深圳市城市交通规划设计研究中心有限责任公司	1996年	300
长春市城乡建设委员会	—	80
广西壮族自治区交通规划勘察设计研究院	1960年	600

续上表

单位名称	成立时间	单位规模(人)
铁道第三勘察设计院集团有限公司	1953年	4600
上海市政工程设计研究总院(集团)有限公司	1954年	3600
上海港航交通科技发展有限公司	2010年	100
上海嘉定交通发展集团有限公司	2013年	1867
上海市城市规划设计研究院	1957年	275
天津市市政工程设计研究院	1949年	1500
上海市城市建设设计研究院总院	1963年	1151
北京城建设计发展集团股份有限公司	1958年	4000
中国城市规划设计研究院上海分院	2008年	130

调查结果分析：

(1)社会及用人单位对同济大学交通运输工程专业培养的学生能力评价较高，很满意和较满意的占94%，同济大学交通运输工程专业毕业生总体满意度得分达到4.53分(满分为5分)。

(2)同济大学交通运输工程专业毕业生成为业务骨干的时间：2～3年成为业务骨干的比例较高，达到43%；3～4年成为业务骨干的比例为19%；4年以上成为业务骨干的比例为38%。

(3)从用人单位对专业学位硕士毕业生各项能力的评分来看，专业学位硕士毕业生已经很好地具备了各项能力，得分均已超过4.2分(满分为5分)，其中5项能力得分较高，包括：①社会责任感，具备工程职业道德，遵守学术规范；②具备工程应用所需的数理及专业知识；③具有不断学习和适应发展新需求的能力；④熟悉专业发展现状和前沿趋势；⑤能恰当选择并熟练运用现代工程工具和信息技术工具。与2015年的调查数据相比，有2项能力的分数有较大提高，包括：①国际视野；②综合运用专业知识解决复杂工程问题。但是，不断学习和适应发展新需求的能力得分有所下降。

需要关注的问题：

(1)社会和用人单位对同济大学交通运输工程学院全日制专业学位硕士毕业生总体满意,但也有个别单位认为毕业生的能力有待提高。

(2)在用人单位对专业学位硕士毕业生各项能力的评分中,有3项能力得分较低,为4.2分,包括:①能独立设计和实施工程实验,科学分析和处理数据;②创新能力;③具备团队领导和工程项目管理的能力,并有效发挥团队成员或领导的作用。

(3)毕业生有1/3左右需要4年以上时间成为业务骨干,时间较长。因此,仍需要在课程体系、师资队伍、实践环节、科研训练、支持条件等方面持续改进,为毕业生进入单位后更快成长为业务骨干创造条件。

2. 细化各能力项内涵和培养方式

在用人单位对同济大学交通运输工程学院全日制专业学位硕士各项能力的评价中,有4项能力评分相对较低,分别是:①能独立设计和实施工程实验,科学分析和处理数据;②创新能力;③能与业界、公众进行有效交流,具备一定的国际视野;④具备团队领导和工程项目管理的能力,并有效发挥团队成员或领导的作用(表6-2、表6-3)。这说明用人单位对毕业生的要求越来越高,而且具有鲜明的时代特色,例如,在"一带一路"倡议背景下,用人单位对毕业生的国际视野尤其关注。

用人单位对毕业生各项能力的评分 表6-2

序号	调查项目	评分		
		2016年	2015年	平均分
1	社会责任感,具备工程职业道德,遵守学术规范	4.6	4.8	4.7
2	具备工程应用所需的数理及专业知识	4.6	4.7	4.6
3	熟悉专业发展现状和前沿趋势	4.5	4.4	4.5
4	能独立设计和实施工程实验,科学分析和处理数据	4.2	4.2	4.2
5	综合运用工程知识和专业理论,针对复杂工程问题设计解决方案	4.4	4.1	4.3
6	能恰当选择并熟练运用现代工程工具和信息技术工具	4.5	4.4	4.5

续上表

序号	调查项目	评分		
		2016年	2015年	平均分
7	创新能力	4.3	4.2	4.3
8	工程与社会	4.4	4.3	4.4
9	能与业界、公众进行有效交流，具备一定的国际视野	4.4	3.9	4.2
10	具备团队领导和工程项目管理能力，并有效发挥团队成员或领导的作用	4.3	4.2	4.3
11	具有不断学习和适应发展新需求的能力	4.5	4.9	4.6

用人单位对毕业生各项能力的评价分布　　表6-3

序号	调查项目	好	较好	一般	较差	差
1	社会责任感，具备工程职业道德，遵守学术规范	64.7%	29.4%	5.9%	0	0
2	具备工程应用所需的数理及专业知识	58.8%	41.2%	0	0	0
3	熟悉专业发展现状和前沿趋势	47.1%	52.9%	0	0	0
4	能独立设计和实施工程实验，科学分析和处理数据	41.2%	47.1%	5.9%	5.9%	0
5	综合运用工程知识和专业理论，针对复杂工程问题设计解决方案	50.0%	37.5%	12.5%	0	0
6	能恰当选择并熟练运用现代工程工具和信息技术工具	64.7%	29.4%	0	5.9%	0
7	创新能力	35.3%	58.8%	5.9%	0	0
8	工程与社会	35.3%	64.7%	0	0	0
9	能与业界、公众进行有效交流，具备一定的国际视野	41.2%	58.8%	0	0	0
10	具备团队领导和工程项目管理的能力，并有效发挥团队成员或领导的作用	47.1%	35.3%	17.6%	0	0
11	具有不断学习和适应发展新需求的能力	52.9%	47.1%	0	0	0

培养环节与各项毕业要求的对应关系如表6-4所示。在校学生对认证标准达成方式的调查统计结果显示:“能独立设计和实施工程实验,科学分析和处理数据”的达成方式主要包括学位论文、课程教学、科研项目等;“创新能力”的达成方式主要包括学位论文、科研项目、课程教学、论文开题及专业讲座等;“具备团队领导和工程项目管理的能力”的达成方式主要包括科研项目、企业实习、学位论文和论文开题等。

培养环节与各项毕业要求的对应关系 表6-4

能力项目	培养环节					
	课程教学	企业实习	科研项目	论文开题	专业讲座	学位论文
人文素养与职业道德	0.2	0.25	0.25			0.3
工程与社会	0.1	0.3	0.3		0.1	0.2
个人与团队		0.4	0.4			0.2
项目管理		0.2	0.5			0.3
沟通与交流		0.3	0.3		0.1	0.3
工程知识	0.8				0.2	
工程问题分析	0.5			0.2	0.3	
现代工具应用		0.2	0.2	0.3		0.3
实验的设计、实施及分析	0.25		0.25			0.5
工程设计与开发		0.5	0.25			0.25
终身学习		0.25	0.3	0.15		0.3
创新				0.3	0.2	0.5
国际视野	0.3				0.3	0.4

硕士毕业生对在校期间应该加强培养的能力的反馈意见如图6-10所示。为提高能力培养的满意度,应加强学位论文、科研项目、企业实习、课程教学等教学环节的建设。“能独立设计和实施工程实验,科学分析和处理数据”可通过加强实验类课程建设、拓展实验教学内容、增加科研训练中的实验环节等改善;“创新能力”可通过提高对学位论文的创新性要求、课程教学中加强专业前沿内容、科研项目中强化问题发现和技术创新方面的训练环节

等改善;“具备团队领导和工程项目管理的能力”可通过加强课程教学、科研项目和学位论文过程中的汇报和交流,强化实习中项目管理方面的训练,创新训练环节的组织管理能力和团队合作能力培养,增加工程项目管理方面的专业讲座等改善。

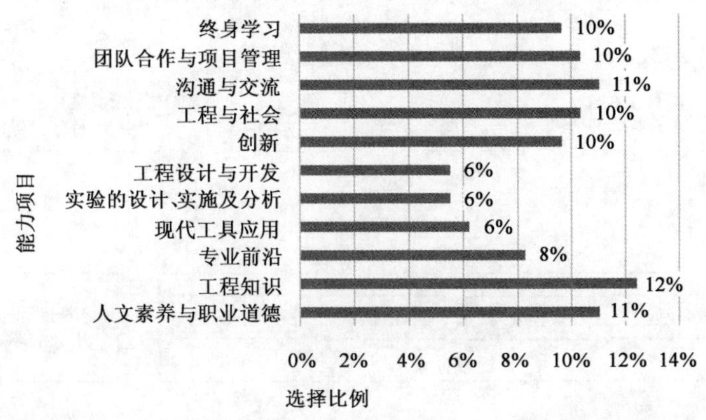

图 6-10　硕士毕业生对在校期间应该加强培养的能力的反馈意见

二、支持课程体系调整

依托数据采集与管理系统收集、分析学生成就和学生发展的数据等证据,有助于高校将学生成就目标落实到专业目标、课程目标、教学环节和学生活动中。下文以课程体系调整为例,说明该系统在实践中的应用情况。

通常,课程体系包括学分设置、教学模块设置、课程安排及教学活动 4 部分内容,因此,课程体系调整主要在以下 3 个方面:

(1)学分设置变化。主要包括总学分的调整、每学期学分的调整等。

(2)教学模块调整。包括公共基础课、专业基础课、专业核心课、实践课程等板块的学分调整,以及各个板块的课程包调整等。

(3)教学活动安排变动。包括课程安排时序、理论课时和实践教学的嵌套安排,以及部分专业核心课的教学内容、方式的重大调整等。

数据采集与管理系统中存储的学生、教师、校友、用人单位评估数据，可以为课程体系调整需要解决的3个问题——学分设置变化、教学模块调整、教学活动安排变动提供学生能力培养与达成、专业认同度、课程模块效果、教学活动效果等方面的评估结果，从而为课程体系的效果评估和调整提供依据。数据采集与管理系统对课程体系修订的支持关系如图6-11所示。

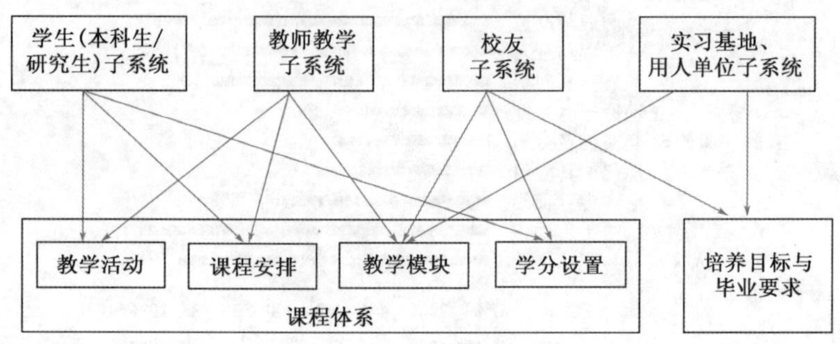

图6-11 数据采集与管理系统对课程体系调整的支持关系

1. 对课程教学持续改进的支持

以同济大学交通运输工程学院为例，结合研究生毕业生对加强课程学习的反馈意见(图6-12、图6-13)，应在课程广度、基础理论、课程深度和现代工具培训几个方面特别关注；其次应关注训练研究生的信息收集与归纳总结能力、课程实验、专业前沿跟踪和辨识能力。

采集26门课程的满意度和重要度的教学评价反馈数据，其中含11门公共课程和15门专业课程，学生认为课程不重要的比例在10%及以上的课程有：马克思主义、运输设施规划与设计、道路与机场设施管理、特殊路基工程、道路环境与景观设计、机场总图设计、城市轨道交通结构设计原理、桥梁及隧道铺面设计理论；学生认为课程不重要的比例在5%～10%的课程有：交通运输工程学、应用统计、运输经济学、城市轨道线网规划；学生对课程不太满意的比例在5%及以上的课程有：马克思主义、特殊路基工程、机场总图设

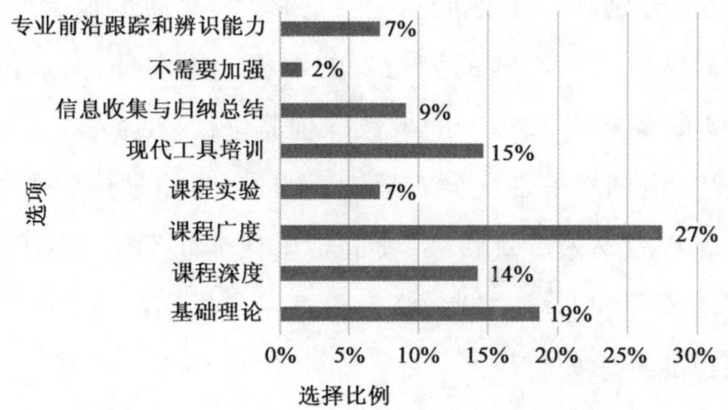

图 6-12　研究生毕业生对加强课程学习的反馈意见

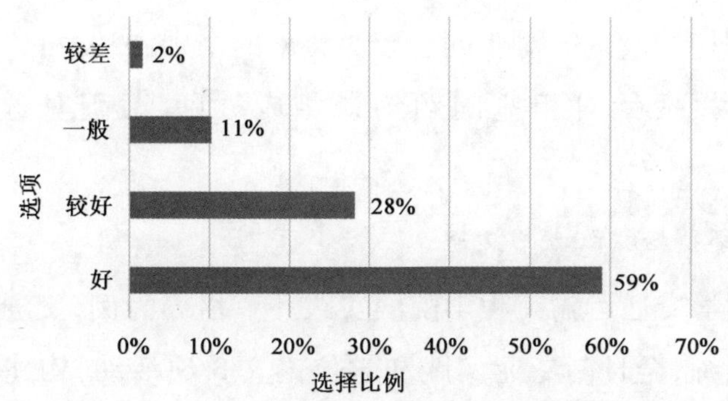

图 6-13　研究生毕业生对学院在专业前沿跟踪和辨识能力培养方面的评价

计、轨道管理与测试技术。

学生对26门课程满意度评分的均值超过了阈值75分,可以认为学生对课程教学效果总体满意,课程教学可以达到学生综合能力培养的目标。

针对26门课程中重要度和满意度排序在后几位的课程,学院可以进一步跟踪和评估课程教学内容设置的合理性和教学方法成效。同时,根据同济大学教学质量督导组和同济大学教学质量管理办公室每学期发布的《本科、研究生课堂教学督导检查总结》中对交通运输工程学院全日制专业学位硕士课程的反馈意见,可以及时调整课程教学的内容、方法,不断提高教学质量和教学效果。

针对毕业生，分别获取了他们对公共必修课、交通运输专业课的重要度和任课教师的教学内容与方式的满意度的评价。绝大部分课程的满意度都在80%以上，满意度未达到80%的少数课程需进行持续关注。

针对在校生，根据学习情况调查反馈，全日制专业学位硕士中，84%的学生认为学位课课程教学效果优良，82%的学生认为非学位课课程教学效果优良。需要研究学位课和非学位课教学效果进一步提高的教学方法，同时适当调整这两类课程的教学内容。

具体到每门课程，根据毕业生课程满意度调查结果，结合在校生评教、教师自评、督导和院系领导听课结果，依据教师自己提供的课程评价单，可以进行课程的持续改进。对于问题较为突出的个别课程，可以由教学副院长、教学骨干教授针对相应问题约谈相应教师，督促整改，提高教学效果。

2.对实践环节培养改进的支持

以同济大学交通运输工程学院的实践环节培养为例，交通运输工程专业通过科研训练、全日制专业实践和学位论文3项活动，构建了完善的实践教学体系。校内的科研训练为学生的基本科研能力和工程实践能力奠定了良好的基础；全日制专业实践则让学生深入企业，了解企业文化、企业氛围，在真实的环境中理论联系实际，提前培养职业能力；学位论文则是结合专业的工程实际问题，由学生在导师的指导下独立研究、得出结论、完成答辩，是研究生最后阶段的综合实践训练，为学生进入职场做好充分的准备。

学院要求每位学生必须参加导师或其他教师的科研项目，进行科研训练。该环节的具体要求见表6-5。三年级硕士生毕业前需提交《参与科研项目说明》，内容包括参与科研项目时间、项目等级、分工、项目数量。导师针对《参与科研项目说明》进行打分评价。

科研训练的具体要求　　表6-5

环节名称	内容要求与教学方式	学分要求	考核与成绩判定方式	形成的结果
科研训练	参加导师或其他教师的科研项目	无	导师打分评价	学生提交《参与科研项目说明》

每个学生必须完成全日制专业实践这一必修环节,该环节的具体要求见表6-6。支持该教学环节的实践基地分为两大类:一是与学院正式签约的研究生企业实践基地;二是结合导师的工程科研项目,与业主单位短期合作的实践基地。

全日制专业实践的具体要求　　表6-6

环节名称	内容要求与教学方式	时间及学分要求	考核与成绩判定方式	形成的结果
全日制专业实践	内容要求:参与校内外的工程项目 教学方式:个人和团队实践	时间:专业实践不少于1年,其中在现场或实习单位实习时间不少于3个月;工程项目训练累计时间不少于9个月。第3~5学期完成 学分:6分	根据实习报告和实习考核表,给出通过或不通过的判定	实习报告和实习考核表

根据毕业生问卷调查,统计数据表明,41%的被调查者反馈希望在实践环节中加强专业对口、企业工程项目参与度这两个方面(图6-14)。

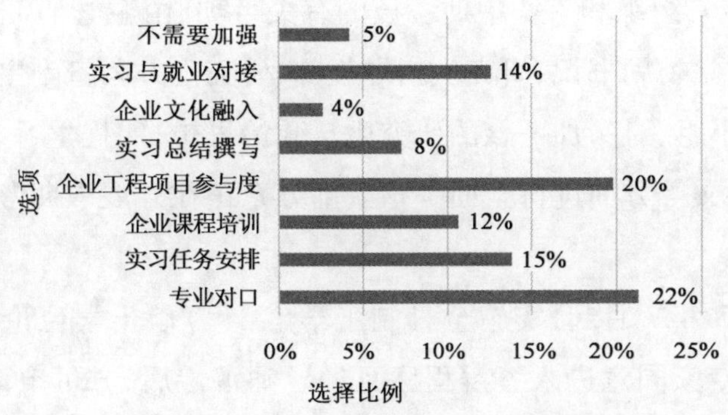

图6-14　研究生毕业生对全日制实践环节需要改进方面的反馈意见

据此反馈意见,学院继续与相关专业的实习单位加强沟通联系,不断拓展校外实习基地数量、地域分布、专业覆盖面,建设高水平实习基地,为学生提供专业对口、工程项目参与度高的单位和项目。2014 年 7 月至今新增 23 个实践基地,目前实践基地总数达到 59 个,其中:国家级工程实践教育中心 4 个、上海市实践教育基地 1 个。

三、确保学位论文质量控制机制的有效性

以同济大学交通运输工程学院的学位论文质量控制机制为例,学院规定,学位论文工作在导师指导下由研究生独立完成。学位论文工作时间累计不少于 1 年。学位论文具体环节包括:选题报告、研究、中期考核、论文写作、评阅及答辩。

学院通过开题、中期考核和院内预评审三个步骤,保障学位论文的质量。

(1)硕士研究生开题报告会必须以学术报告会形式进行,评审专家应当具有副教授或相当职称,专家组成员及导师不少于 3 人。开题报告的成员组成、报告会时间和地点需上报学院审核,并提前公示。专家组对每位研究生学位论文开题报告的选题依据、文献综述、文献阅读、创新性、文字表达和口头报告等各项指标进行认真讨论和严格评分,并由参会组长和成员签字认可后,将开题报告提交学院。

(2)学院统一组织和落实中期考核的有关事项,由主管研究生教学副院长、主管研究生党委副书记、研究生指导教师、研究生办公室副主任和班主任组成中期考核小组,对参加考核的研究生从政治思想、课程学习、开题完成情况、发表学术论文等方面进行全面考核。部分系正在开展中期考核公开答辩的试点工作。

(3)自 2013 年 7 月起,实施全日制工学(工程)硕士学位论文的院内预评审。预评审专家同意进入答辩程序且经导师审定后,方可申请盲审,进入学位论文评阅及答辩程序。

通过分析即将毕业的三年级学生的学位论文调查数据，可以评判和提高学位论文质量控制机制的有效性。

本次调查针对交通运输工程学院2013级的学生（2016年毕业），共发放167份问卷，回收165份有效问卷。调查涉及对学位论文有影响的5类活动，包括：课程与实习、开题、中期考核、学位论文预评审、国家和上海市双盲抽。满意度分为5个级别：好、较好、一般、较差、差。这些活动中除了中期考核，学生的满意度达到"较好"及以上的比例均在87%以上。对中期考核比较满意的为80%。5类活动的满意度情况如表6-7所示。

对学位论文有影响的5类活动的满意度 表6-7

活动名称	认为"好"	认为"较好"	认为"一般"	认为"较差"或"差"
课程与实习	52%	35%	12%	1%
开题	54%	40%	4%	2%
中期考核	48%	32%	16%	4%
学位论文预评审	55%	36%	9%	0
国家和上海市双盲抽	62%	31%	7%	0

采用院内预评审制度后，学院再未发生论文被"异议"的情况。通过不断改进论文开题、学位论文预评审工作，学院在全日制专业学位硕士培养的论文质量控制环节一直保持着良好的工作状态。在2015年的研究生教学状态评估中，该项的得分为满分。

四、对新一轮培养方案调整的建议

结合本节前文提到的反馈结果，依据同济大学全日制专业学位硕士研究生培养目标及交通运输工程专业特色，在新一轮培养方案调整时，学院对培养目标描述和培养方案框架的调整建议如下。

1. 培养目标描述

在培养目标中需要进一步理顺"本—硕—博"3个阶段的培养目标定位

及相互关系,建议本科阶段定位为掌握基本理论、基本知识,具备基本能力;硕士阶段更加注重分析问题、解决问题和实践应用相结合的综合能力培养。

2. 培养方案框架

培养方案框架调整建议:严格遵循全日制专业学位硕士研究生培养目标,分别从课程体系、实践环节、学位论文3个支持培养目标实现的角度调整培养方案构架。

(1)课程体系。

评估每门课程对于全日制专业学位硕士研究生培养方案中能力培养的针对性,依据知识点连贯性和全面性目标,调整课程体系的课程数量、课程名称与内容、授课计划,丰富能够提高学生创新思维、学术前沿掌握、国际视野、工程与社会、健康、安全、法律及文化方面能力的授课内容和提高专业讲座数量。

(2)实践环节。

建议加强培养学生利用专业知识基础,独立解决复杂多变的工程实践问题的能力。训练学生敏锐发现问题中的关键因素,重视关键问题联合攻关能力的培养,重视独立设计和实施工程实验、科学分析和处理数据、提出合理技术解决方案的能力的培养。同时,注意实践环节的组织形式,加强学生在团队领导和工程项目管理等方面的能力的培养。

(3)学位论文。

学位论文研究具有个性化培养的特点,与导师的专业领域、培养方法、沟通等密切相关。建议持续加强审查开题环节和论文评审环节,完善学位论文质量控制机制,如继续实施院内预评审制度等,严格开题报告的审查和开题答辩程序。

第五节 数据采集与管理系统对专业建设的支持

数据采集与管理系统的建设和使用,一方面提高了数据收集效率,另一方面为年度本科/研究生教学评估、三年或六年一次的专业认证、二年至四年一次的学科评估、实验室评估等提供了连续的、必要的、可信的数据。最重要的是,数据采集与管理系统为学生学习成长多阶段监控、产出成效及时评估和反馈提供了技术支持。同时,根据数据分析结果,院系、学校可以及时发现培养环节中存在的问题,按照持续改进机制,有针对性地进行课程体系、培养目标、毕业要求、师资、支持条件的改进,并获得改进前后的效果对比,掌握改进措施有效性的定量评价数据。

设计和建设面向专业认证的数据采集与管理系统,为专业认证服务的同时,也为基于数据采集与定量分析进行工程教育教学规律总结提供了技术平台,使得产出导向的人才培养模式不再仅仅是理念,而是形成了可操作和可实施的有效途径。系统还促进了以需求为导向的人才培养方案的滚动调整,使专业建设更有信度、力度和效度,如图 6-15 和图 6-16 所示。

高等教育认证制度作为高等教育质量保证的一种独特模式和手段,已被西方教育发达国家普遍采纳,成为回应对教育的社会问责和促进及保障教育发展的制度性要素[5]。工程教育认证要求对学生在整个学习过程中的表现进行全程跟踪与递进式评估,并根据过程记录来证明学生能力的达成。随着交通运输行业的快速发展和科技进步,交通运输类专业的课堂教学、实践教学形式日渐呈现出多样性,相应的教学效果评价也显示出复杂性特点,仅仅使用传统的书面数据收集、记录方式是无法满足工程教育专业评估需求的。所以,面向专业认证的数据采集与管理系统以数据的连续性、完整性保证了评价的客观性;该系统通过对在校学生、教师、校友、企业人员、教学管理人员开放,增加了整个工程教育过程的透明度和公平性;有利于在培养方案制订过程中提高企业和行业专家的参与度;同时,可以有力支撑以社会评价和学生需求作为衡量标准,评估工程专业教育教学的质量和成效。

	学生	教师	企业与校友	合计
日访问量	128	72	19	219
月访问量	445	373	26	844
总访问量	50916	10539	1667	63122

图 6-15　同济大学交通运输工程学院数据采集与管理系统

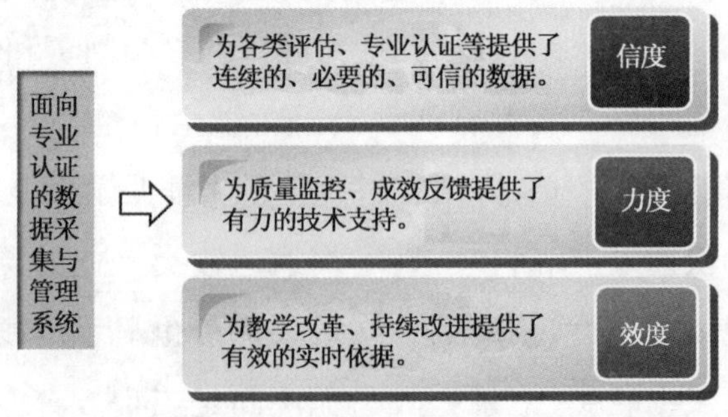

图 6-16　数据采集与管理系统对专业建设的支持

本章参考文献

[1] 中国工程教育专业认证协会. 工程教育认证自评报告撰写指导书(2016年版),2015.

[2] 鲁正,武贵,吴启晨. 德国高等工程教育及启示[J]. 高等建筑教育,2016,23(3):43-47.

[3] 吴娇蓉,惠英,贾弦,等. 高校面向工程教育专业认证的数据采集与分析管理系统设计与实践[J]. 教育教学论坛,2016(29):148-150.

[4] 王海洋,王鹏程,马敏,等. 网络信息化教学评价平台的建设与实践[J]. 高校医学教学研究:电子版,2013,3(3):18-21.

[5] 王建成. 美国高等教育认证制度研究[M]. 北京:教育科学出版社,2007.

第七章

认证试点与探索工作回顾

交通运输工程领域专业学位硕士研究生工程教育认证试点工作自2014年10月起始至2017年10月截止，经历了很多重要过程，一路走来，得到了全国工程专业学位研究生教育指导委员会（以下简称“教指委”）、交通运输工程领域工程专业学位研究生教育协作组（以下简称“协作组”）内各所高校、交通运输行业专家、行业学会/协会、同济大学研究院和教学质量管理办公室的大力支持。本章按时间顺序记录，力争还原两年半的探索与实践过程。

2014年10月，2014—2015年全国工程专业学位研究生教育重大课题、教育部学位与研究生教育司2014年专业学位研究生培养模式改革项目“我国研究生层次工程教育认证体系的关键问题研究与总体方案设计”，将交通运输工程领域列为试点领域之一。该项目由教指委副主任委员陈以一教授总负责，同济大学、清华大学、北京航空航天大学共同完成。

2014年10月至2015年9月，近一年的时间里，学位办重点项目工作组对交通运输工程领域的主要高校的研究生培养方案进行了调研和对比分析。同时，对用人单位/高级工程师开展了应届工学学士、工程硕士毕业生就业情

况和知识、能力的调研。

2015 年 8 月 25 日，在北京召开了“我国研究生层次工程教育认证体系的关键问题研究与总体方案设计”第四次工作会议。会议参加单位包括：学位办重点项目工作组、协作组、测绘工程领域教育协作组等拟开展试点工作的领域协作组组长和相关单位负责人、教指委秘书处专家。会议主要议题包括：

（1）研究讨论汇总“我国研究生层次工程教育认证体系的关键问题研究与总体方案设计”总体报告相关事宜。

（2）电子与通信工程、机械工程、建筑与土木工程、石油与天然气工程、交通运输工程等领域介绍拟开展认证试点、与职业资格认证衔接等方面的工作进展，并进行交流与讨论。

2015 年 9 月，同济大学交通运输工程学院和协作组邀请本领域 10 所高校的专家，在同济大学召开了“本领域专业学位硕士研究生教育认证试点工作咨询会”（图 7-1），会上取得了开展研究生教育认证试点工作的共识。会议参加单位包括：教指委、协作组、中国工程教育专业认证协会交通运输类专业委员会秘书处、同济大学、东南大学、西南交通大学、北京交通大学、武汉理工大学、中国民航大学、上海海事大学、长沙理工大学、长安大学、兰州交通大学、石家庄铁道大学。

图 7-1 本领域专业学位硕士研究生教育认证试点工作咨询会（上海）

2015 年 10 月 30 日，在兰州召开了协作组 2015 年年会——“全国交通运输工程领域工程专业学位研究生培养工作研讨会”（图 7-2）。会议参加单位包括：教指委、协作组、本领域内 40 多所高校。本次会议讨论了研究生教育认证的目的；交通运输工程领域专业学位硕士研究生工程教育认证标准与交通运输工程领域工程硕士专业学位标准之间的关系；交通运输工程专业认证操作模式；研究生与本科专业认证通用标准要素的差异等关键问题。

图 7-2　全国交通运输工程领域工程专业学位研究生培养工作研讨会（兰州）

2015 年 2 月至 2016 年 1 月，学位办重点项目工作组召开了 3 次内部会议，形成了“我国研究生层次工程教育认证体系的关键问题研究与总体方案设计”的研究报告。

2015 年 7 月至 2016 年 7 月，同济大学研究生教育改革项目工作组开展了大量艰苦细致的研究工作，撰写了交通运输工程领域专业学位硕士研究生工程教育认证试点工作的管理类、流程类文件，并积极准备同济大学交通运输工程专业学位硕士研究生教育认证自评报告的相关数据资料，设计并建设支持认证标准评价达成的数据采集与管理系统。

2016 年 1 月 4 日，协作组收到工程教指委秘〔2016〕1 号文《关于全国交通运输工程领域工程专业学位研究生教育协作组开展工程专业学位研究生

教育认证试点的通知》(图 7-3)。

全国工程专业学位研究生教育指导委员会
中国学位与研究生教育学会工程专业学位工作委员会

关于全国交通运输工程领域工程专业学位研究生教育协作组
开展工程专业学位研究生教育认证试点的通知

工程教指委秘〔2016〕1 号

全国交通运输工程领域工程专业学位研究生教育协作组：

根据全国工程专业学位研究生教育指导委员会（以下简称教指委）2016 年全体委员会议的精神，经全国交通运输工程领域工程专业学位研究生教育协作组（以下简称协作组）申请，现委托协作组组织实施本领域的教育认证的试点工作。

试点工作的主要范围包括：组建由高校、行业与企业代表参加的教育认证委员会或相应机构；制定并试行认证标准、认证程序、认证结果审核办法等文件；在条件基本具备和自愿的前提下，选择若干院校的交通运输工程领域工程硕士专业学位授权点进行教育认证试点，包括申请、自评、专家考察和给出教育认证结论；进行试点工作总结。

认证工作应遵循公正、客观、严肃的原则。试点工作中发生的问题，请及时向教指委报告。

全国工程专业学位研究生教育指导委员会秘书处
二〇一六年[illegible]月四日

全国工程专业学位研究生教育指导委员会/中国学位与研究生教育学会工程专业学位工作委员会秘书处
地址：北京市 清华大学研究生院　邮编：100084　电话：010-62782041　传真：010-62775555　官网：www.meng.edu.cn
电子邮件：gcss@tsinghua.edu.cn

图 7-3　教指委秘〔2016〕1 号文

2016 年 7 月,协作组牵头承担了 2016—2017 年全国工程专业学位研究生教育重点课题“交通运输工程领域工程专业学位研究生教育认证探索与实践”。

2016 年 7 月 4 日,协作组在上海海事大学组织召开了“交通运输工程领域工程专业学位研究生教育认证试点研讨会”(图 7-4),邀请教指委、行业学会/协会专家(中国航海协会、中国公路学会、城市交通规划学会、中国铁道学会)、协作组组长/副组长单位、中国工程教育专业认证协会交通运输类专业委员会秘书处,拟认证试点的同济大学、大连海事大学、上海海事大学,针对交通运输工程领域专业学位硕士研究生工程教育认证试点的工作管理类、流程类文件进行了第一次深入讨论。

图 7-4 交通运输工程领域工程专业学位研究生教育认证试点研讨会(上海)

2016 年 7 月至 10 月,认证分委员会工作组针对 7 月份会议提出的修改意见,充分考虑后续 3 所高校认证试点工作的可操作性,将认证组织框架修改为两层框架,即教指委为总指导层、交通运输工程专业教育认证分委员会为操作层。并形成相应的交通运输工程领域专业学位硕士研究生工程教育认证试点的认证分委员会章程、认证办法、认证通用标准、自评报告指导书、现场考查专家组工作指南 5 个管理文件(初稿)。

2016 年 10 月 25 日,教指委秘书处和协作组在河海大学深入研讨了认证工作的组织架构、与行业协会协同及发挥顶级专家作用等内容。

2016 年 10 月 31 日至 11 月 15 日,启动征询意见流程。对已形成的上述 5 个管理文件(初稿),广泛征询交通运输工程领域内高校、拟认证试点 3 所高校及公路、铁路、航运、城市交通等行业学会/协会近 30 位专家的书面意见。

2016 年 11 月 4 日，在同济大学召开了“交通运输工程领域工程专业学位研究生教育认证试点工作讨论会”。学位办重点项目工作组、协作组、同济大学研究生院、教学质量管理办公室及交通运输工程学院 5 个单位，共同对提高后续即将开展的认证试点探索结果的推广性、扩大认证试点工作在交通运输工程领域的影响力、做好认证管理文件在领域内与领域外征求意见等工作进行了充分沟通，确定了后续工作计划。

2016 年 11 月 15 日至 30 日，认证分委员会工作组逐条梳理了反馈回来的专家意见，并进行修改，形成了 5 个管理文件（修改稿）。

2016 年 12 月 8 日至 15 日，认证分委员会工作组启动外领域专家对管理文件（修改稿）的征询意见流程。征询对象包括：教指委秘书处、清华大学、北京航空航天大学、中国石油工程领域高校及行业协会专家。

2016 年 11 月 30 日，经过一年半的自评报告相关数据和资料的准备，认证试点学校——同济大学形成了《交通运输工程领域专业学位硕士研究生工程教育认证自评报告（初稿）》。

2016 年 12 月 16 日，教指委在北京召开了“深化推进研究生层次工程教育认证试点探索工作交流研讨会”（图 7-5）。协作组组织召开了对管理文件（修改稿）的集中讨论会，针对有分歧的修改意见进行深入交流，确定修改意见，并形成了会议纪要。参加此次会议的特邀嘉宾包括：国务院学位委员会办公室、中国工程院教育委员会办公室、中国设备监理协会、中国石油学会、交通运输工程领域相关行业学会/协会、清华大学工程教育研究中心负责人。出席会议的领域协作组专家包括：机械工程、仪器仪表工程、材料工程、动力工程、电气工程、建筑与土木工程、水利工程、测绘工程、化学工程、地质工程、石油与天然气工程、纺织工程、交通运输工程、农业工程、环境工程、生物医学工程、航天工程、制药工程、工业设计工程、项目管理、物流工程、计算机技术、林业工程等领域协作组负责人。

图 7-5　深化推进研究生层次工程教育认证试点探索工作交流研讨会(北京)

2016 年 12 月 17 日至 27 日,根据北京会议精神和外领域专家意见,认证分委员会工作组形成了专业认证管理文件(试行),指导后续认证试点工作开展。

2016 年 12 月 17 日,交通运输工程领域工程专业学位硕士研究生教育认证分委员会收到同济大学提交的《交通运输工程学院专业学位硕士研究生教育认证自评报告》,按照 5 个管理文件(试行),成立专家组,开展了自评报告审阅工作。

2016 年 1 月 3 日,同济大学交通运输工程学院收到协作组正式通知,《交通运输工程学院专业学位硕士研究生教育认证自评报告》通过了交通运输工程领域工程专业学位硕士研究生教育认证分委员会(试点工作组)的审核,决定开展进校现场考查工作。

2017 年 1 月 17 日至 18 日,同济大学交通运输工程学院迎接本领域工程专业学位硕士研究生教育认证分委员会(试点工作组)委派的由行业学会、企业、高校组成的专家组进校开展现场考查工作,完成认证试点(图 7-6 ~ 图 7-8)。本次试点实证检验了认证组织架构、认证机制、认证目标、认证标准和程序、试点方案的合理性和可操作性;同时,也对同济大学的交通运输工程领域专业学位硕士研究生工程教育培养质量进行了全面检验,对一些薄弱环节提出了持续改进的宝贵建议,使得同济大学交通运输工程人才培养的目

标和路径更加清晰。本次试点工作顺利完成，达到了预定目标。

图 7-6　同济大学交通运输工程领域专业学位硕士研究生工程教育认证（试点）现场考查工作会议（2017 年 1 月 7 日，上海）

图 7-7　同济大学交通运输工程专业负责人杨东援教授介绍专业自评情况（2017 年 1 月 17 日，上海）

图 7-8　同济大学交通运输工程领域专业学位硕士研究生工程教育认证（试点）现场考查意见反馈会议（2017 年 1 月 18 日，上海）

2017 年 1 月至 3 月,总结认证试点工作经验,针对交通运输工程领域专业学位硕士研究生工程教育认证 5 个管理文件(试行),进行了修改与完善。

自 2014 年 10 月至 2017 年 2 月的认证试点与探索工作,使得交通运输工程领域成为全国教指委下属 40 个分领域中第一个正式开展专业学位硕士研究生工程教育认证试点的领域,同济大学也成为国内第一所进行专业学位硕士研究生工程教育认证试点的学校,发挥了示范作用。

2017 年 3 月至 10 月,将已有成果整理编著成书《研究生层次工程教育认证在交通运输工程领域的探索与实践》,交人民交通出版社股份有限公司,于 2018 年 3 月正式出版。

附录 I

交通运输工程领域工程硕士专业学位标准摘录

全国交通运输工程领域工程专业学位研究生教育协作组编写完成的交通运输工程领域工程硕士专业学位标准于2012年6月试行,包含前言、领域覆盖范围、培养目标、知识体系、能力要求、素质要求、学位论文、学位授予8个部分。下文摘录与专业学位硕士研究生工程教育认证密切相关的2部分内容:交通运输工程领域工程硕士培养要点;交通运输工程领域工程硕士论文质量评价指标体系。

一、交通运输工程领域工程硕士培养要点

1. 学科基础

理学学科基础:数学、物理学、化学、系统科学等。

工学学科基础:土木工程、机械工程、力学、电气工程、仪器科学与技术、计算机科学与技术、材料科学与工程、电子科学与技术、信息与通信工程、控制科学与工程、安全科学与技术等。

人文与社会学科基础:伦理学、社会学、经济学、法学、管理学等。

2. 培养特色

(1)交通运输工程领域工程硕士是与交通运输工程领域任职资格相联系的专业学位，按学习方式分为全日制和非全日制两种，旨在培养该领域的应用型、复合型高层次专门人才。

(2)全日制交通运输工程领域工程硕士采取在校脱产学习方式，非全日制交通运输工程领域工程硕士采取进校不离岗的不脱产学习方式。

(3)全日制交通运输工程领域工程硕士生源主要来自应届大学本科毕业生，部分来自往届毕业生。非全日制交通运输工程领域工程硕士生源主要来自本领域覆盖范围内从事工程技术或工程管理的工作人员。

(4)课程设置反映交通运输工程领域发展前沿的新知识、新技术。鼓励开展形式多样的前沿应用型学术讲座，及时为学生补充新知识、新技术、新方法。

(5)随着交通运输方式向多样化、高速、重载、自动化、信息化、大型化、专业化和综合化的方向不断发展，在培养过程中应科学地融合其他学科的知识，进一步丰富工程硕士研究生的知识结构。

3. 培养年限

在职攻读交通运输工程领域工程硕士专业学位，学习年限为3~5年，在校学习研究的累计时间一般应不少于6个月，学位论文工作时间至少1.5年(从开题时间起)。全日制工程硕士研究生学习年限为2~3年。

4. 知识体系所涵盖的主要课程要求

交通运输工程领域的课程设置分为公共课程、基础理论课程、专业技术课程、选修课程4部分。

以下课程设置供参考。

(1)公共课程。

自然辩证法、外语、知识产权、文献检索、工程伦理等。按教指委指导性培养方案设置。

(2)基础理论课程。

根据各校交通运输工程的具体研究方向及行业需求,在数学、力学、计算机、自动控制等方面各自有所侧重,自主设置。

(3)专业技术课程。

专业基础课,从科学原理到技术结构,突出一般性,知识完整。

专业核心课,从基础原理过渡到专门知识,突出专门性,内容有深度,突出前沿成果(文献)。

专门知识课,从本行业通用性过渡到专门性,突出技术。

各校可根据相关方向、培养对象的要求进行设置。

(4)选修课程。

各校自主设置。

5. 专业核心课程

交通运输工程领域专业核心课程有:交通运输工程导论、交通运输基础设施检测养护原理与方法、交通运输工具原理及运用和综合交通运输规划。

以下为核心课程简介。

(1)交通运输工程导论。

融合各种运输方式;简明、系统地介绍现代交通运输系统中的交通运输基础设施、交通运输工具、交通运输规划、交通运输组织与管理和交通运输安全5个主题。

(2)交通运输基础设施检测养护原理与方法。

坚持理论与实践相结合,在讲述交通运输基础设施检测与养护技术的基础理论知识的同时,注重工程实际训练。主要介绍常用检测仪器和数据统计方法、路基工程检测与养护、路面工程检测及养护、桥梁的检测与养护加固技术、隧道的检测与养护加固技术、轨道检测与养护、交通基础设施服务性能检测、交通基础设施信息化管理等。

(3)交通运输工具原理及运用。

主要介绍交通运输工具的热能动力、交通运输工具运行装置、交通运输工具的控制、交通运输工具状态监测与诊断、交通运输工具维修体系及维修技术、交通运输工具运用管理信息化、交通运输工具人机系统及安全、能源利用与环境保护。重点介绍几种交通运输工具的工作原理与运用状况。

(4)综合交通运输规划。

主要介绍综合交通运输的基本概念,综合交通运输的形成与发展,综合交通运输规划的总体思路、规划步骤与方法体系,交通运输需求分析,交通运输需求弹性与交通运输需求预测,综合交通运输的网络、通道、枢纽和结构规划,城市综合交通运输的网络、线路和枢纽规划,综合交通运输信息系统规划的原则、内容和方法,综合交通运输规划方案评价方法及其技术评价、经济评价和社会评价等。

6. 实践环节

实践环节是交通运输工程领域工程硕士培养过程中的重要环节,充分的、高质量的专业实践是工程硕士培养质量的重要保证。通过实践环节应达到:基本熟悉交通运输行业工作流程和相关职业及技术规范;理论联系实际,培养研究能力;结合研究项目确定学位论文选题,在实践中开展论文工作。

对于全日制工程硕士,实践环节的主要做法是根据交通运输工程的领域特点到相关行业、企业、政府部门从事实践活动,由校内、外指导教师共同商定实践项目、拟定实践计划、指导实践开展。可采取集中实践与分段实践相结合的方式,时间不少于半年。实践结束,研究生必须撰写实践报告,经过考核,由校企双方指导教师给出成绩评定。

对于非全日制工程硕士,实践环节的主要目的是根据研究生所在单位的需求,结合学位论文选题,深化工程技术或工程管理的研究,提高技术创新能力,实践环节的成果能直接服务于所在单位的技术改造和生产提高。

7. 论文工作

通过学位论文工作,完成一个完整的科研训练过程,熟悉科研实践的各个环节,实现个人能力和科学素养的全面提高。论文工作在导师指导下由研究生独立完成,工作量要饱满。

研究生的论文工作从学位论文选题报告至答辩结束,具体环节包括:选题、选题报告、研究、中期检查、论文写作、评阅及答辩。各培养单位根据自己的管理模式进行。

(1)选题报告。

工程硕士研究生入学后,应在导师指导下明确研究方向,逐步确定选题,并开展研究工作。原则上应在课程结束后进行选题报告工作。

选题报告的条件和程序为:

①一般要求修满培养方案规定的课程学分,成绩合格。

②选题报告经过导师审核后才能进行,一般在第三学期末进行。

③应组成不少于3名成员的考评专家组,成员须具备副高级及以上专业技术职称。

(2)中期检查。

①在通过选题报告后,结合研究生的论文研究工作进展,应对工程硕士研究生进行论文工作中期检查。主要对比选题报告中的论文工作计划,说明目前的进展、取得的成果、存在的问题等。

②工程硕士研究生向考评小组作论文中期报告,考评小组依据其选题报告,对中期检查报告进行检查,并对其进行提问,根据其书面报告及答辩情况,填写考核意见和成绩。

③中期考核工作完成后,将中期研究报告和有关表格交有关部门存档。

(3)评阅和答辩。

①交通运输工程领域工程硕士研究生的学位论文分别经学校导师和企业导师审阅,认为其达到工程硕士学位论文标准后,研究生可申请论文答辩。

②评阅:论文应由两位同领域专家评阅,其中有1名是校内专家、1名是校外实践领域专家,论文作者的导师不作为论文评阅人。两位专家评阅并认为达到工程硕士学位论文的要求后,才能进行论文的答辩工作。如有1名评阅人的意见是否定的,需再指定1名评阅人,如累计有2名评阅人的意见是否定的,则此次答辩申请无效。对工程硕士研究生的学位论文评审,各培养单位可结合实际情况,规定一定比例的盲审抽查。

(3)答辩委员会组成:答辩委员会一般由3~7位具有高级技术职称的教师或技术人员组成,其中至少有一位是实践领域的有关专家。若指导教师参加答辩委员会,则答辩委员会成员不少于4人,且指导教师不得担任主席。合作指导硕士生的2名导师中至多只能有1名担任该生的答辩委员会委员。答辩委员会设秘书1人,由具有初级技术职称以上专业人员担任。

8. 学位证书

工程硕士专业学位证书内容及格式由国务院学位委员会办公室制订,经国务院学位委员会办公室同意,学位获得者的学位证书由授予单位颁发。

二、交通运输工程领域工程硕士论文质量评价指标体系

“应用研究”类论文的质量评价指标体系见附表1-1。

“应用研究”类论文质量评价指标体系 附表1-1

一级指标(分数)	二级指标	评价要素	最高分数
选题(10)	1.1 选题的背景	(1)来源于工程实际; (2)交通运输工程领域的研究范畴	5
	1.2 目的及意义	(1)目的明确; (2)具有必要性; (3)具有应用前景	5
内容(45)	2.1 国内外相关研究分析	(1)文献资料的全面性、新颖性; (2)总结归纳的客观性、正确性	5
	2.2 研究内容的合理性	(1)现状论述清晰,发展趋势判断合理;	

续上表

一级指标(分数)	二级指标	评价要素	最高分数
内容(45)	2.2 研究内容的合理性	(2)内容具体,有一定深度、广度; (3)研究资料与数据全面、可靠	15
	2.3 研究方法的科学性	(1)研究思路清晰,方案设计可行; (2)资料与数据分析科学、准确	15
	2.4 工作的难易度及工作量	(1)工作量饱满; (2)具有一定难度	10
成果(30)	3.1 研究成果的价值	(1)具有工程应用价值; (2)具有经济效益或社会效益	15
	3.2 研究结果的新颖性	体现作者的新思路或新见解	15
写作(15)	4.1 摘要	(1)表述简洁、规范; (2)能够反映应用研究的核心内容	4
	4.2 文字论述	(1)具有较强的系统性与逻辑性; (2)文字表达清晰,图表、公式规范	8
	4.3 参考文献	引用文献的真实性、相关性、规范性	3

注:评价结论分为优秀、良好、合格、不合格4种。优秀:总分≥85;良好:84≥总分≥70;合格:69≥总分≥60;不合格:总分≤59。

"工程设计"类论文的质量评价指标体系见附表1-2。

"工程设计"类论文质量评价指标体系 附表1-2

一级指标(分数)	二级指标	评价要素	最高分数
选题(10)	1.1 选题的背景	(1)来源于工程实际; (2)交通运输工程领域的研究范畴	5
	1.2 目的及意义	(1)目的明确; (2)具有必要性; (3)具有应用前景	5
内容(45)	2.1 国内外相关设计分析	(1)文献资料的全面性、新颖性; (2)总结归纳的客观性、正确性	5

续上表

一级指标(分数)	二级指标	评价要素	最高分数
内容(45)	2.2 设计内容的合理性	(1)方案合理,依据可靠; (2)合理采用了基本理论和专业知识; (3)综合运用了技术经济、人文和环保知识	15
	2.3 设计方法的科学性	(1)设计方法科学、合理、可行; (2)技术手段先进、实用	15
	2.4 工作的难易度及工作量	(1)设计工作量饱满; (2)设计工作具有一定难度	10
成果(30)	3.1 设计成果	(1)设计图纸完整; (2)符合国家和行业相关标准	8
	3.2 设计成果的实用性	(1)具有工程应用价值; (2)可产生社会经济效益	10
	3.3 设计成果的新颖性	体现作者的新思路或新见解	12
写作(15)	4.1 摘要	(1)表述简洁、规范; (2)能够反映工程设计的核心内容	4
	4.2 文字论述	(1)具有较强的系统性与逻辑性; (2)文字表达清晰,图表、公式规范	8
	4.3 参考文献	引用文献的真实性、相关性、规范性	3

注:评价结论分为优秀、良好、合格、不合格4种。优秀:总分≥85;良好:84≥总分≥70;合格:69≥总分≥60;不合格:总分≤59。

"工程软科学"类论文的质量评价指标体系见附表1-3。

"工程软科学"类论文质量评价指标体系 附表1-3

一级指标(分数)	二级指标	评价要素	最高分数
选题(10)	1.1 选题的背景	(1)来源于工程实际; (2)交通运输工程领域的研究范畴	5
	1.2 目的及意义	(1)目的明确; (2)具有必要性和应用前景	5

续上表

一级指标(分数)	二级指标	评 价 要 素	最高分数
内容(45)	2.1　国内外相关研究分析	(1)文献资料的全面性、新颖性; (2)总结归纳的客观性、正确性	5
	2.2　内容的合理性	(1)内容明确、具体; (2)有一定深度、广度; (3)资料与数据全面、可靠	15
	2.3　方法的科学性	(1)过程设计与论证合理; (2)资料与数据分析科学、准确	15
	2.4　工作的难易度及工作量	(1)工作量饱满; (2)具有一定难度	10
成果(30)	3.1　成果的可靠性	(1)成果明确、具有可信度; (2)成果具有合理性及先进性	10
	3.2　成果的实用性	(1)成果具有应用价值; (2)预计可产生经济效益或社会效益	10
	3.3　结果的新颖性	体现作者的新见解	10
写作(15)	4.1　摘要	(1)表述简洁、规范; (2)反映核心内容; (3)概括和总结研究成果	4
	4.2　文字论述	(1)具有较强的系统性与逻辑性; (2)文字表达清晰,图表、公式规范	8
	4.3　参考文献	引用文献的真实性、相关性、规范性	3

注:评价结论分为优秀、良好、合格、不合格4种。优秀:总分≥85;良好:84≥总分≥70;合格:69≥总分≥60;不合格:总分≤59。

“产品研发”类论文的质量评价指标体系见附表1-4。

“产品研发”类论文质量评价指标体系　　附表1-4

一级指标(分数)	二级指标	评 价 要 素	最高分数
选题(10)	1.1　选题的背景	(1)来源于工程实际; (2)交通运输工程领域的研究范畴	5
	1.2　目的及意义	(1)目的明确; (2)具有必要性; (3)具有应用前景	5

续上表

一级指标(分数)	二级指标	评价要素	最高分数
内容(45)	2.1 国内外相关研究分析	(1)文献资料的全面性、新颖性; (2)总结归纳的客观性、正确性	5
	2.2 研发内容的合理性	(1)基本原理正确; (2)产品功能先进、实用; (3)分析、计算正确	15
	2.3 研发方法的科学性	(1)方案科学、可行; (2)技术手段先进; (3)采用新方法、新工艺、新材料	15
	2.4 工作的难易度及工作量	(1)研发工作量饱满; (2)研发工作具有一定难度	10
成果(30)	3.1 产品的应用价值	(1)产品符合行业规范要求,满足相应的生产工艺和质量标准; (2)具有潜在的经济效益或社会效益	20
	3.2 产品的新颖性	(1)有新思路或新见解; (2)性能先进、有自主关键技术	10
写作(15)	4.1 摘要	(1)表述简洁、规范; (2)能够反映产品研发的核心内容	4
	4.2 文字论述	(1)具有较强的系统性与逻辑性; (2)文字表达清晰,图表、公式规范; (3)技术文件规范	8
	4.3 参考文献	引用文献的真实性、相关性、规范性	3

注:评价结论分为优秀、良好、合格、不合格4种。优秀:总分≥85;良好:84≥总分≥70;合格:69≥总分≥60;不合格:总分≤59。

附录Ⅱ

交通运输工程领域专业学位硕士研究生工程教育认证自评报告指导书(试行)

交通运输工程领域专业学位硕士研究生

工程教育认证自评报告指导书

(试行)

学　　　　校:

专　　　　业:

完 成 时 间:

专业负责人:

联 系 电 话:

学校负责人签字:

学 校 盖 章:

1. 背景信息

填写以下信息(附表2-1)。

背 景 信 息 附表2-1

<table>
<tr><td rowspan="6">认证专业信息</td><td>专业名称</td><td colspan="3"></td></tr>
<tr><td>所在学校</td><td colspan="3"></td></tr>
<tr><td>所在学院</td><td colspan="3"></td></tr>
<tr><td>授予学位</td><td colspan="3"></td></tr>
<tr><td>学制</td><td colspan="3"></td></tr>
<tr><td>院系网址</td><td colspan="3"></td></tr>
<tr><td rowspan="3">认证联系人</td><td>姓名</td><td></td><td>电子邮件</td><td></td></tr>
<tr><td>电话</td><td></td><td>手机</td><td></td></tr>
<tr><td>通信地址(邮编)</td><td colspan="3"></td></tr>
</table>

(1)专业所在学校的简介及本专业发展沿革简述(限600字)。

(2)本专业以前参加认证的情况(如果不是第一次认证,在附件中提供上次的认证结论与改进报告)。

2. 学生

(1)专业具有吸引优秀生源的制度和措施。

描述本专业当前生源基本状况;描述相应的制度与措施,包括学校的支持。

用列表方式提供以下信息(附表2-2)。

近3年招生情况 附表2-2

年份	招生方式	招生数	保研比例	调剂比例
	方式1			
	方式2			
	方式3			

(2)具有完善的学生学习指导、职业规划、就业/创业指导、心理辅导等方面的措施,并能够很好地执行落实。

用列表方式提供以下信息(指导方式可分为:学生咨询/定期宣讲/事件

启动；指导频度针对定期宣讲方式。受益人数为最近2年的数据，分学年列出。附表2-3～附表2-5）。

学生学习指导 附表2-3

渠道名称	指导执行者	指导方式	指导频度	受益人数（分学年列出）	

学生职业规划与就业指导 附表2-4

渠道名称	指导执行者	指导方式	指导频度	受益人数（分学年列出）	

学生心理辅导 附表2-5

渠道名称	指导执行者	指导方式	指导频度	受益人数（分学年列出）	

描述上述指导的执行落实情况及效果（在附件中提供相关文档索引）。如有其他学生指导，也可说明情况。

（3）对学生在整个学习过程中的表现进行跟踪与评估；并通过形成性评价保证学生毕业时达到毕业要求。

用文字说明本专业学生获取毕业证书和学位证书的基本要求。描述如何根据跟踪评估的数据判断学生的学习情况。

用列表方式提供以下信息（附表2-6、附表2-7）。

学生能力达成跟踪评价 附表2-6

评价目标	评价方式及内容	评价人	评价周期	形成的记录文档

注：1. 评价目标可以按照“社会适应能力”“专业能力”分类，这里主要是描述基本评价机制和方法，具体毕业要求的达成度评价在第4项“毕业要求”部分详细描述。评价内容主要指评价基于的数据内容及来源。

2. 评价方式应包括考试及其他对学生能力与水平评价的方式，并说明如何确认这些方式及其结果能反映毕业要求。

近 1 年或 2 年毕业生就业状况 附表 2-7

年份	毕业生数	毕业率	获学位率	一次就业率	分类就业状况

注:分类就业状况可以按照读博/政府部门/事业单位/国有企业/外企/其他企业/入伍/出国划分;特定专业也可以按照行业性质划分企业。

(4)如专业培养中有国际交换学生的培养环节,应提供明确的认定国际交流学生学分的规定和相应认定过程。如没有该培养环节,则不需要提供。

描述相应的认定过程,并提供制度性文档索引。

详细说明对已有学分的认定过程,特别是不需补修的课程或其他有学分的教学活动如何认定。

3. 培养目标

(1)有公开的、符合学校定位的、适应社会经济发展需要的培养目标。

说明制订本专业培养目标的主要依据(简述本专业培养目标与学校定位和社会经济发展对人才需求的关系、毕业生主要的从业领域及预期、主要的社会竞争优势)。

用单独的段落列出本专业的培养目标全文。

描述采用哪些渠道与措施使得教师与学生能够理解专业培养目标,并对社会公开。

(2)培养目标能反映学生毕业后 2 ~ 3 年在社会与专业领域预期能取得的成就。

描述学生毕业后 2 ~ 3 年具备的能力,以及对学生毕业几年后事业发展的预期(如本专业对学生实施分方向培养,应分别说明,并在本报告中按照不同方向分别进行描述或列表)。

(3)建立必要的制度定期评价培养目标的达成度,并定期对培养目标进行修订。评价与修订过程应有行业或企业专家参与。

描述当前执行的培养目标达成度的评价制度,包括基于的数据、数据来源,以及收集的周期、主要评价人及身份、最近一次的评价结果。

描述当前执行的培养目标的修订制度,包括修订周期、修订过程、参与人员及主要执行人。描述最近一次修订,包括修订时间、改动的内容、改动的理由、参与修订的行业与企业专家,以及他们发挥作用的方式与内容。

在附件中提供相关文档索引。

4.毕业要求

专业必须有明确的、公开的毕业要求,毕业要求应能支撑培养目标的达成。专业应通过评价证明毕业要求的达成。最低学制要求为2年。专业制订的毕业要求应完全覆盖以下内容。

(1)人文素养和职业道德:具有人文社会科学素养,对当今社会问题具有一定认识,有社会责任感,具备工程职业道德,遵守学术规范。

(2)工程知识:具有工程相关的数学、自然科学、专业知识的学习与综合理解能力及在复杂工程问题中运用的能力。

(3)工程问题分析:具有综合应用工程原理分析复杂工程问题,并理解其局限性的能力,批判性地获得有效结论。

(4)实验的设计、实施及分析:能够针对具体工程问题,独立设计和实施工程实验,并科学地分析和处理数据,得出可验证的实验结论。

(5)工程的设计与开发:能够综合运用工程知识和专业理论,针对复杂工程问题独立设计有效的解决方案。

(6)现代工具的应用:能够针对复杂工程问题,开发、选择与使用恰当的技术、资源、现代工程工具和信息技术工具,包括对复杂工程问题的预测与模拟,并能够理解其局限性(同本科生要求)。

(7)创新:熟悉本专业前沿、现状和发展趋势。具有提取和评估相关数据,并运用工程分析技术求解不熟悉问题的能力,或具有使用基础知识研究新技术的能力。

(8)工程与社会:了解与本专业相关的职业和行业的生产、设计、研究与开发、环境保护和可持续发展等方面的方针、政策和法律、法规,能正确认识工程对经济、环境、健康、安全、可持续发展、法律及文化的影响,并理解应承担的责任。

(9)个人和团队:能够在多学科背景下的团队中承担个体、团队成员及负责人的角色(同本科生要求)。

(10)沟通:能够就复杂工程问题与业界同行及社会公众进行有效沟通和交流,包括撰写报告和设计文稿、陈述发言、清晰表达或回应指令,并具备一定的国际视野,能够在跨文化背景下进行沟通和交流(同本科生要求)。

(11)项目管理:理解并掌握工程管理原理与经济决策方法,并能在多学科环境中应用(同本科生要求)。

(12)终身学习:具有自主学习和终身学习的意识和技能,具有不断学习和适应发展的能力。

用单独的段落明确列出本专业对于学生的毕业要求,并明确其中各项与上述 12 项基本要求之间的关系,确保上述要求完全被覆盖。

用矩阵图的方式说明毕业要求如何支撑培养目标的实现(附表 2-8)。

毕业要求对培养目标的支撑 附表 2-8

培养目标 毕业要求	培养目标 1	培养目标 2	……
毕业要求 1			
毕业要求 2			
……			

描述毕业要求达成评价的方法和机制。评价应基于相关教学活动对每位学生的考试或考核结果数据。评价方法是指由这些数据综合分析得出某项毕业要求指标点达成与否的规则。如采用不同的方法对不同指标进行评价,应分别描述,并说明每种方法的适用范围。评价机制是指基础数据来源及其合理性评判,及按照上述固定规则进行评价的过程、周期、各

环节的责任人。

用列表方式证明专业所列的各项要求可以达到（并体现出硕士工程教育毕业要求深度增加或毕业要求类别增加所对应的教学活动）。针对每一项要求提供评价内容与过程（对专业列出的每一项毕业要求，均要分别给出单独的如附表2-9所示的表格）。

指标点评价　　附表2-9

评价指标	相关教学活动	学生考核方式	达成度评价周期及最近1～2次的评价结果	形成的记录文档
指标点1				

注：1. 指标点是指对各项毕业要求根据本专业特征进行适当分解，所得到的可以安排教学内容并可衡量其效果的具体要求。一个指标点的实现可以由多个教学活动承担。

2. 这里的教学活动必须是有学分并对所有参与的学生有明确考核结果的课程、实践活动等，以及其他虽然没有学分，但有考核结果的教学活动。如对应于每一个指标点的活动不止一项，则需分别列出，并列出各项的相对权重。

5. 持续改进

（1）建立教学过程质量监控机制。各主要教学环节有明确的质量要求，通过教学环节、过程监控和质量评价促进毕业要求达成；定期进行课程体系设置和教学质量评价。描述教学过程质量监控机制的架构与运行方式，包括每个环节的主要执行者与责任者。

用列表方式提供以下信息（附表2-10）。

主要教学环节的质量要求　　附表2-10

环节名称	质量要求的要点与考核责任者	考核基于的基本数据	考核周期、结果与相应的改进措施	形成的记录文档

（2）建立毕业生跟踪反馈机制，以及有高等教育系统以外有关各方参与的社会评价机制，对培养目标是否达成进行定期评价。

描述毕业生跟踪反馈机制，以及有高等教育系统以外有关各方参与的社会评价机制，包括组成部分、运行方式、覆盖面及频度、使用的载体、相关文档索引。

描述当前正在运行的培养目标达成评价机制的内容、形式、成员构成及其工作方式,以及最近一轮评价记录。

(3)能证明评价的结果被用于专业的持续改进。

列举将主要教学环节质量考核结果用于改进的措施及效果。

列举毕业生反馈中哪些信息有效地促进了教学质量的提高。

列举社会评价机制对近 2 ~ 3 年培养目标与毕业要求修订、目标达成度提升所发挥的作用,并在附件中提供实例与相应记录。

6. 培养环节

培养环节包括课程、实践环节、学位论文。培养环节能支持毕业要求的达成。培养环节设计有企业或行业专家参与。

提供完整的专业教学计划。用图表说明具体课程体系,并在附件中提供所有课程的教学大纲(课程大纲应明确:本课程的课程目标、课程目标与相关毕业要求指标点的对应关系、课程目标与教学内容和方法的对应关系、课程考核方式)。

提供学生毕业的学分要求。以汇总方式列出必修课总学分。描述关于学生选课的有关规定,包括如何控制学生选学的课程能满足对各类课程学分分布的要求。

用矩阵形式描述培养环节支撑各项毕业要求的对应关系,在矩阵中用特殊符号表示与每项毕业要求指标点达成关联度最高的 2 ~ 3 项培养环节,并在附件中提供所有课程的任课教师及最近 1 ~ 2 届学生的成绩分布情况。

描述培养环节设计与修订的过程与工作方式,描述最近一次参与教学计划修订的企业与行业专家名单、身份、参与方式和发挥的作用。

(1)课程要求:

①与本专业毕业要求相适应的人文社会科学类课程,使学生在从事工程设计时能够考虑经济、环境、法律、伦理等各种制约因素。

列举本类课程及相应学分。描述对学生选课的相应规定,以保证每个学生毕业时在本类课程中获得的学分达到要求。

②符合本专业毕业要求的工程基础类课程、专业基础类课程与专业类课程。

按照“工程基础类”“专业基础类”和“专业类”分别列举相应课程及学分。根据各校交通运输工程的具体研究方向及行业需求，工程基础类课程在数学、力学、计算机、自动控制等方面各自有所侧重，自主设置。专业基础类课程在交通运输工程、载运设备、经济等方面有所侧重，自主设置。

描述对学生选课的相应规定，以保证每个学生毕业时在本类课程中获得的学分达到要求。

描述在对课程评价时采用什么方法保证标准中提及的相关能力培养在课程中得以实现，并在附件中提供相关评价记录的索引。

（2）实践环节要求：

设置完善的实践教学体系，在校内、校外实习基地可开展实习、实训，培养实践能力。

校内、校外实习基地应具有明确的实践教学目的和任务，实习的场地、设施、教辅人员能够满足人才培养的需要。实习基地参与教学活动的人员对实践教学目标与要求有足够的理解。

用列表方式提供以下信息（附表2-11～附表2-14）。

实践教学体系 附表2-11

环节名称	内容要求与教学方式	学分要求	考核与成绩判定方式	形成的结果

每个学生必须完成的企业学习经历 附表2-12

环节名称	内容要求与教学方式	时间及学分要求	考核与成绩判定方式	形成的结果

注：指要求所有学生必须在企业学习的经历，不包括部分学生参与的活动，也不包括在校内特设的实训基地学习的经历。如没有，则不必提供。

团队实践活动 附表 2-13

环节名称	内容要求与教学方式	学分要求	考核与成绩判定方式	形成的结果

注：指以团队形式完成的实践教学活动，不包括课外活动。如没有，则不必提供。

与企业合作建立实践基地的情况 附表 2-14

基地类型	校外合作方	承担的教学任务	学生在基地考核方式	近3年每年进基地学生数

注：基地类型是指实习基地、科研实习基地、人才培养与产学研合作基地等。

(3)学位论文要求：

学位论文开题要结合本专业的工程实际问题，培养学生的工程意识、协作精神及综合应用所学知识解决实际问题的能力和独立研究能力。

用列表方式提供以下信息(附表 2-15)。

学位论文分类情况 附表 2-15

类别	分类基本描述	对论文内容的基本要求	近2年该类论文所占比例（分学年列出）

描述学位论文的质量控制机制，特别是如何保证达到标准中规定的学生能力的培养要求。如行业和企业专家参与学位论文指导和考核，需提供有关信息。

在附件中提供近2年学位论文清单，内容包括题目、类别、成绩、校内和校外指导教师等。

7. 师资队伍

(1)教师数量能满足教学需要，结构合理，有企业或行业专家作为兼职教师参与实践教学。

用列表方式提供以下信息(附表 2-16、附表 2-17)。

教师队伍总体情况 附表 2-16

职称	35 岁以下	36～45 岁	46～60 岁	60 岁以上	职称人数合计	博士	硕士	本类专业	相近专业	其他专业
正高										
副高										
中级										
其他										
合计										

兼职教师情况 附表 2-17

姓名	单位	专业职称与职务	兼职时间	承担的教学工作	近 2 年实际工作量

注：兼职教师是指正式聘任的承担教学计划内教学任务的行业或企业专家，不包括不定期对学生进行没有明确考核的讲座的专家。

（2）教师应具有足够的教学能力和沟通能力。专业教师还应具有专业水平、工程经验、职业发展能力且能够开展工程实践问题研究，参与学术交流，专业教师的工程背景应能满足专业教学的需要，导师应有足够时间和精力投入到研究生教学和学生指导中。专业教师应积极参与教学研究与改革。

用列表方式提供以下信息（附表 2-18～附表 2-20）。

全体教师情况 附表 2-18

姓名	年龄	学位	职称	毕业学校与专业	专业工作经历	来本专业工作时间

注：教师指当前在职的全职教师；专业指最高学位专业。

教师个人发展相关信息 附表 2-19

姓名	近 5 年承担的科研项目	近 3 年的代表性成果	主要的工程实践性成果	科技与产业奖励	近 3 年的工程咨询活动

注：教师指当前在职的全职教师。本表采用与附表 2-18 相同的顺序填写。教师个人发展信息只用于判断教师能力是否满足学生培养的需要，因此每格只限填写 1～2 项能代表最高水平的内容。

专业教师近2年研究生教学工作量　　附表2-20

姓名	年份	承担课程及授课时数	教学行政工作	教改工作	指导在读硕士生数量	指导在读博士生数量

注：每位教师按年份分2行填写。本表采用与附表2-18相同的顺序填写。

在附件中提供全体教师的专业简历。

描述专业如何要求与鼓励教师参与教学改革。有什么明确的规定和措施？取得了哪些成效？

提供每位教师近2年内发表的教学研究论文清单，及在教学改革中的工作与贡献的说明。

(3)教师为学生提供指导、咨询、服务，并对学生职业生涯规划、职业从业教育有足够的指导。

描述专业如何要求与鼓励教师参与学生指导。有什么明确的规定和支持、考核措施？取得了哪些成效？

(4)教师明确他们在教学质量提升过程中的责任，不断改进工作，满足培养目标要求。

描述专业要求每位教师在教学质量提升中承担的责任，以及如何保证每位教师都能理解这些责任与本专业毕业要求之间的关系。

描述专业如何检查与评价每位教师是否能满足责任要求。是否形成制度？能否提供文档证明评价是定期进行的？

8.支持条件

(1)实验室及设备、教室、研究生工作室在数量和功能上满足教学需要。有良好的管理、维护和更新机制，使得学生能够方便地使用。与企业合作共建实习和实训基地，在教学过程中为学生提供参与工程实践的平台。

用列表方式提供以下信息(附表2-21～附表2-23)。

研究生教学和科研使用实验室的情况 附表 2-21

实验室名称	面积	开放方式和利用率	设备种类与数量	专职管理人员	主要用途

与企业合作建立实践基地的情况 附表 2-22

基地类型	校外合作方	承担的教学任务	学生在基地考核方式	近 3 年每年进基地学生数

注:此表与附表 2-14 相同,重复是为便于专家审阅。

近 2 年学生实际进入企业实践基地的情况 附表 2-23

学生姓名	年级	实习基地	进入基地时间及期限	实习内容	成果

注:本表指进入企业合作基地进行服务与工程实践教学的活动情况,不包含一般社会实践内容。本表采用与附表 2-22 相同的企业顺序填写。

描述实验室设备的维护与更新机制。是否定期对实验室设备能否满足教学需要进行评估和评价?

描述教室使用情况。是否有课程安排在晚上或周末?如有,需给出相应的解释。描述研究生工作室使用情况。

(2)计算机、网络及图书资源能够满足学生的学习及教师日常教学和科研所需。资源管理规范,共享程度高。

提供有关计算机、网络、图书资料的基本情况数据。

描述资源管理与共享的有关规定与实施情况。

描述专业通过什么方式评价相关资源对于学生学习目标达成的支撑程度。是否明确要求教师在课程中充分利用相关资源,提高培养目标的达成度?

(3)学校能够有效地支持教师队伍建设,吸引与稳定合格的教师,并支持教师本身的发展,包括对青年教师的指导和培养。

描述学校在队伍建设方面的机制和措施,并提供证明该机制对于本专业教师队伍建设产生积极效果的相关信息。

描述本专业教师队伍建设的规划,包括对青年教师培养的措施及支持青年教师获取工程经历的制度和措施，并描述在这方面从学校得到的支持情况。

用列表方式提供以下信息（附表 2-24 ~ 附表 2-26）。

近 3 年教师进修情况 附表 2-24

姓名	国内进修	国外进修

近 3 年青年教师获取工程经历的情况 附表 2-25

姓名	获取的工程经历情况	校内、校外考核情况

近 3 年新进教师的教学培养与工作情况 附表 2-26

姓名	入职时间	首次承担的课程与时间	培训方式	考查方式	其他承担的课程

（4）学校的教学管理与服务规范，能有效地支持专业毕业要求的达成。

描述学校对于专业教学主要的教学管理与服务内容。它们对于毕业要求达成起到了什么样的作用？

9. 附件

（1）上次的认证结论与改进报告（第一次认证的专业不需要提供）。

（2）学生指导相关文档与记录索引。

（3）近 3 年培养目标修订相关文档索引（包括行业与企业专家参与活动的记录）。

（4）近 2 年毕业生反馈信息相关文档索引。

（5）毕业要求达成度评价材料。

（6）全部课程的大纲。

（7）近 2 年学生学位论文清单。

（8）最近一个完整年度的研究生课程表。

（9）近 2 年教学过程控制中形成的对培养目标及出口要求评估的主要

数据记录索引。

(10)全体教师的专业简历。

(11)所有课程的任课教师列表以及最近1~2届学生的成绩分布情况。

(12)全体实验技术人员的专业简历。

(13)本专业在读全日制博士、硕士研究生的统计数据(本项数据仅作为判断教师整体工作负担的参考)。

(14)近2年实际进入企业合作实践基地的学生及实践内容。

(15)正在执行的培养方案。

致 谢

在历时三年的交通运输工程领域专业学位硕士研究生工程教育认证试点探索与实践过程中，全国工程专业学位研究生教育指导委员会、全国交通运输工程领域教育协作组、同济大学研究生院、同济大学质管办、同济大学交通运输工程学院等均给予了全过程的指导与帮助，在此表示衷心的感谢！

感谢全国工程专业学位研究生教育指导委员会副主任委员陈以一教授、秘书处沈岩、岳华老师的大力指导和帮助，特别感谢陈以一教授为本书写序。

感谢同济大学研究生院黄雨教授和贾青青、王玮、鞠明辉老师，同济大学质管办陈峥、钱忠麒、苏晓娟等老师对认证试点工作全过程的大力支持和帮助。

感谢刘家镇、吴克俭、马林、殷广涛、吴细水、黄有方、刘小胜等交通运输行业学会/协会的领导、专家对认证试点工作的大力指导和帮助。

感谢交通运输工程领域的兄弟院校：西南交通大学、北京交通大学、武汉理工大学、东南大学、中国民航大学、吉林大学、上海海事大学、长沙理工大学、长安大学、兰州交通大学、石家庄铁道大学、大连海事大学等对认证试点工作的大力支持。感谢李淑明、白玉、黄品娟、惠英、叶建红、肖军华、张兰芳、欧冬秀、叶玉玲、贾弦、许青、杨群、王治、王长丹、王映、丁敏、孙海燕、毋妙丽、全月星等老师在认证试点探索与实践全过程中的辛勤付出和全力支持。

编著者

2017 年 10 月